陈默 著

詩謀

诗解三十六计

河北出版传媒集团
河北教育出版社

图书在版编目（CIP）数据

诗谋：诗解三十六计 / 陈默著. -- 石家庄：河北教育出版社，2022.4（2025.1 重印）
ISBN 978-7-5545-7007-4

Ⅰ. ①诗… Ⅱ. ①陈… Ⅲ. ①兵法－中国－古代②《三十六计》－研究 Ⅳ. ①E892.2

中国版本图书馆CIP数据核字(2022)第061053号

诗谋：诗解三十六计

作　　者　陈　默
策　　划　董素山
责任编辑　张　静
封面题字　关仁山
插　　图　刘振川
装帧设计　于　越　刘振川
出版发行　河北出版传媒集团
　　　　　河北教育出版社　http://www.hbep.com
　　　　　（石家庄市联盟路705号，050061）
印　　制　廊坊市佳艺印务有限公司
开　　本　889mm × 1194mm　1/32
印　　张　6.5
字　　数　90千字
版　　次　2022年4月第1版
印　　次　2025年1月第2次印刷
书　　号　ISBN 978-7-5545-7007-4
定　　价　78.00元

《诗谋》之谋

◎谈歌

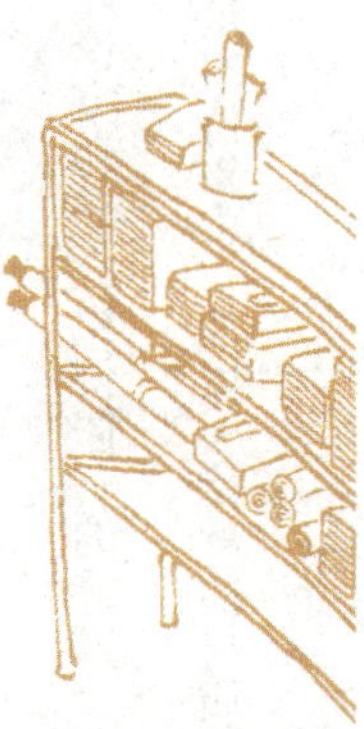

这篇小文，本是三个月前为陈默先生《诗谋——诗解三十六计》（以下简称《诗谋》）写的一篇读后感。值逢《诗谋》即将出版，应邀为其写一篇序言，便拿出来重新看了。觉得有些话还可再斟酌，便修订如下权当序言。

我看过《诗谋》一、二、三稿的小样，很是流连。此刻，《诗谋》定稿放在桌前，我一页页翻阅，看得仍然很从容。但我已经意识到一个道理，当作品真的定稿了，它的部分力量便暗自增强或者削弱了。并因此看出它有时的不从容，看出它未曾克服的矛盾和困难。感觉《诗谋》是魅惑的，风情万种。读者受兴之所至的冲动支配，一路看下去，就像在暗夜中看街市灯火，若隐若现。合上《诗谋》，则感觉到了白天，主旨的轮廓被忽略，主旨的光晕在消退，诗歌纹理和结构呈现的则是另一番影像。这时，读者就会变得冷静和挑剔。

这就是『瞒天过海』或『上屋抽梯』或『树上开花』的『小』或『大』的《诗谋》吗？

读者往往就此恍惚无措。或是《诗谋》的写作初衷与实效就在这里？《诗谋》，使我在某种程度上再次意识到了『中国哲理诗』的魔力——对『中国哲理诗』，我一向怀有一种老气横秋的偏见，无论电子版还是纸质版。诗集终究还是那本诗集，媒介的作用被放大了。但现在，我必须承认，尽管诗人还是那个诗人，诗集还是那本诗集，但在灯下看与在太阳底下看却有着重要的不同。从电脑上或纸面上读是读的暗夜，思考它是读的白天。在黑白之间，事物表面的光线不同，我们看事物的眼光也随之而变，这是题外话。

还是说正题，读后的思考。为了让我笔下更自主一点，我决定把『诗人』陈默称为『无中生有』的诗人，进而证明他『打草惊蛇』的才华。我知道，这个名叫陈默的诗人，他对诗歌艺术的领悟与理解，远超当代诸多『偷梁换柱』的评论家和『李代桃僵』的诗家。陈默有真正传统的艺术志向，同时他也知道应该怎么写。在这本诗集中，他以『诗歌的材质』

和『思想的力度』为中心，重新安排他的诗歌世界。我以为他就是再找一只手，把四平八稳的世界提将起来，以摇摇欲坠的姿态、令人心惊的感悟提上去。『诗歌的材质』和『思想的力度』就是那只手，陈默让『这只手』紧张地承载世界和人生的全部重量。于是，诗歌作品中所包含的作为艺术的想象力和表现力都会泼油救火般备受考验。我猜想，看到《诗谋》的读者，大概很少充分考量它的总体结构，他们更多是被纷至沓来的、跳跃的诗歌画面与深刻的诗意诗境所吸引。陈默具有宽阔多变的才能，他炫耀地用诗歌向我们逐一展现，他能够多么快多么慢、多么硬朗多么柔软、多么凶猛阴郁狂暴、多么伤痛脆弱敏感。他的诗歌语言（诗意的表达）总体上是冷的，如同冰。如果你把手放在冰上，不要动，就能感觉到冰的层叠及其变幻的温度与性情。所以，诗歌的『诗意』，在陈默的手里，不仅仅是一个通过什么表现什么的媒介，它自身就是一个硕大的秘密，被『欲擒故纵』般表现着：诗意的自我欺瞒、诗意的诡计和陷阱、诗意对经验和事物的篡改和扭曲、诗意的自我表现的惯性、诗意对诗人的魅惑和约制，以及诗人自身在诗意中的沉溺、迷失、纠缠和苦斗，诗意本身就变成了『诗歌的材质』和『思想的力度』。往往一些诗人的苦恼，是想声东击西，然而下笔就错。而似这样一本成熟的诗集，却无所谓『东』与『西』、『对』与『错』。

诗歌语言无所定向，诗人正漂流于无边的诗意之海，遥望本真的彼岸。『诗歌的材质』的本质，应该是变化和幻觉、隐藏和欺瞒。『思想的』的重心，是孤寂中的寻找、寻找中的孤寂。在这本诗集中，诗人成为自我和存在的隐喻，『诗歌的材质』面对浩大的读者群，『思想的力度』则身处寂静的沙漠。有趣的是，『诗歌的材质』面对读者，是将自我、将真相隐藏于重重迷雾中，他距离一般读者实际上有无限之远。在那个无限之远想象中的远方，他正好与『思想的力度』风云际会。可以说，陈默在这个问题上的缭绕思辨，分析起来，麻烦得近乎谈玄。在他的笔下，这不是可以抽离的思辨，而是复杂多端的笔墨构成，是诗人与世界之间的戏剧性关系。思辨对陈默来说，只是一种想象方式，是他为笔下世界安排的新秩序，他还有能力让这个秩序中的一切都显得真实。

《诗谋》究竟能告诉我们什么呢？我知道，读者最终会忍不住问这个问题。对于这篇小文，我不想剧透，只是想说，这本诗集是有趣的。有趣之外，或许大家还希望得到一点更明确的东西。我对此的看法是：一方面，它向我们解说了诗人自我的繁复——我们通常面对的、表述的那个『诗人』，追究起来山重水复、疑云密布；另一方面，它还表达了这个时代的精神境遇，即思想的意义的标尺及指引和界定。这种时候，诗人的焦虑是：如何平息艺术的块垒、诗人的自我如何安顿？真正的诗人们终究会发问：诗人是谁？诗人的来路和去处？诗人的沉漏和教赎？种种。坦白地说，我们肯定说不清楚。可是，我们但凡能静下心神，细细感悟、品读时的风吹草动，也如听黄钟大吕，绝非釜瓦雷鸣。有读过《诗谋》(未定稿)的朋友讲得很坦率：看《诗谋》，神闲气定，大度从容，似乎无甚难度。若我说，《诗谋》的随心所欲的『无难度』，是精心制造的『无难度』，其中之『大谋』确为艺术的高难度。

还可以说，很可能这本诗集背后的那个人将比这本诗集更重要。

陈默，当代不著名诗人、不著名小说家。河北保定人。一九六五年生，二十世纪八十年代开始发表作品。曾当过小学教员，曾在建筑行业工作，曾在政府部门任职，曾兼任某市作协名誉主席、副主席。——我喜欢这份简历，它很像一个诗人的简历，而当今很多简历中的诗人都太像个白领先生或文化商人。

陈默先生的诗歌能走多远？我更愿意相信，陈默作为诗家，将成为一代名家。『走』着瞧吧。『走』为上！

《诗谋》，难得的一部佳作

◎高天民

儒家崇德尚贤，法家重术尚势，道家无为法自然，哲学家探究的是事物的规律，而军事家则必须站在这些学说之上各取所需、综合考量。

『三十六计』就是世界军事学的祖典。

注释、解义『三十六计』的文章、学说、版本有几种、几十种，但我过去所读过的不论是无名学者注解还是大家释义，无论是古文学家喻理还是现代专家演义，没有这样一本书能让我读后感到那么通俗易懂、明明白白、大彻大悟，若行云流水，酣畅淋漓，爱不释手，久久不能放下。最近读了陈默先生的《诗谋》，我找到了这种感觉，那是一种知识的滋养、思想的升华、心灵的触动、智慧的启迪、艺术的享受。

一部深奥的古典军事著作，以诗的文学体裁和艺术形式，把儒学、道学、法学融合在一个载体上，把天、地、人、智、术、势凝聚在一个系统里，把军事学、哲学、政治学、经济学、理学、科学、美学、文学完美地融合在一部作品中，让读者耳目一新，感慨万千！

以我对陈默先生的了解，为人自不必说，我与他相交，可敞开心扉，坦然面对。他的为政也不必多言，在他供职的地方和单位，都留下了善政、德政的口碑。为文来说，我对陈默先生也应该算是了解，他写得一手好政论文，笔锋犀利、鞭辟入里、深邃入骨；他写得一手好散文，词文优雅、情动入心，字里行间渗透着美妙绝伦的音符。陈默先生曾兼任保定市作协副主席。他的诗歌，特别是现代诗，写得从不落俗套，别有一番风韵与风骨。我常读他的诗，因为那是一种享受。

陈默先生把《诗谋》送给我看时，说让我指导并作序，他把《三十六计》这么古典庄重的军事著作雕刻与塑造成了一个亦庄亦谐、雅俗共赏、赏心悦目的艺术品，这是我始料未及的。

不夸张地说，陈默先生的《诗谋》真正算得上大手笔，而大手笔背后就是大境界，大境界的背后就是大格局、大胸怀，说到底需要深修养、大才气来支撑。他的《诗谋》反复读来，我感觉多了一种深意：为现在诗歌立心（有使命感），为艺术立命（言之有物有情），为名家继绝学（成就时代大家风范），为万世开祥光（展示现代诗之希望）。

陈默先生的《诗谋》，把《三十六计》这样一部军事典著成功地艺术化，并更多地渗透着法家思想的理念与元素，体现了作者当时的思想与风格，有一种实至名归、龙乘蛇游、气吞山河的阳刚之气；同时，诗人把『三十六计』的韬略渲染得出神入化，燃烧着儒家学说的慧光。从中，我感悟出了作者的诗艺精进和人情练达，应该说，又多了一种顺天命、尽人事、朽嗔化欲的柔性之美。

我无须就《诗谋》的篇章、结构、艺术进行品评，读者可以自己去读、去欣赏、去感悟，这本书的精妙自能体会到。为政者读之，自会在政治生涯中深谙其道，在仕途上得心应手、游刃有余；经商者读之，自会懂得市场法则、取舍之道，纵横商海，事兴业旺；为文者读之，自会打开文学的另一扇窗口，明白现代诗需要重新定义，更会体会到作者思想的深邃与知识的渊博、语言的魅力和艺术的功力。

总之，这本《诗谋》我读了，这是一本特别难得的好书。今天我带着热情和激情推荐给大家。

唐有『李杜』、宋有『三苏』，庙堂之外有江湖。

磨砺十载铸一剑，高位何如一本书！

我预言：陈默先生的《诗谋》将成为中国诗歌界的畅销书。
我期待《诗谋》开启中国现代诗歌的新纪元。

二〇二二年一月十七日

诗谋无谋

一

都渴望美味的对局
还自恋饕餮的自己

战争是一款
自私与无私的游戏

二

那一年的那一天
就像温习自信那般
我爬上了三十六计
这座高山

眼里省略着战争
心中一塌糊涂着清醒
却不知
走向的是不是一网空

三

我执拗地

先啃了它十五年

撕扯着不断的枝枝蔓蔓

思想原来只是一粒种子

在刀枪

和田野里疯癫

我四仰八叉地

躺在三十六计里

任每一计宰割

直到七零八落成另一种仙

四

为什么要剜每一计的肉

或者吸吮骨髓

垒成自己的诗
只要不那么苍白无力
还上气不接下气
则宁愿扛着骆驼上山
再下山
而后自己成为一匹骆驼
或一座山

一遍又一遍地修改
像循环在手术刀里
连不值一提的“暗算”
也敢炼成结石
固执地顽固
我大意地流连
最终发现
自己已经被破碎成片
贴进里面

五

战争是一个
天大的哲学命题
最大的战役
是休战
最狠的敌人
是自己

六

还没开战
已分出输赢
这种仗干脆别打

索性把欲望
锁进牢骚里
等待或期待
有朝一日出其不意

瞒天过海真不需要海

围魏救赵更不必近赵

借刀杀人

不是平白无故针对一个人

以逸待劳

肯定不会安稳地徒劳

趁火打劫

碍得着火吗

声东击西

看不起西吗

既然已经坐在优势里

真没必要再嘚瑟自己

七

对敌的计谋要高

一招一式

先删掉烦恼

无中生有

吃透了莫须有

暗度陈仓

看扁了粮仓

隔岸观火

烧得尽眉毛吗

笑里藏刀

笑卷了屠刀吗

李代桃僵

是另一种方式的巧夺灵抢

顺手牵羊

也包容了小偷思想

八

进攻

先选准方向

飞龙

可老在天上

打草惊蛇

惊的不一定是智商

借尸还魂还的
肯定有高尚
为了调虎离山
必须对狼欲擒故纵
至于抛砖引玉
或可比擒贼擒王

九

只要有龙奔驰在原野上
胡打或乱打
只笑话伎俩

釜底抽薪
不关茅草之轻狂
混水摸鱼
似乎不用张网
金蝉脱壳
等待着老嫩相向

关门捉贼
再开门也无文章

非要死皮赖脸着
远交近攻吗
看看假道伐虢中
有没有铁壁铜墙

十

并肩作战
权看一小会儿远方
终日乾乾
竟然都是彷徨

偷梁换柱
换不来好木桩
指桑骂槐
骂不出一街锦绣文章

眼瞅着老东西们

也能痴心妄想

上屋抽梯

等着的是

下梁埋怨上梁

谁都想平白无故地

树上开花

却原来反客为主

生怕被一桌餐扫光

十一

失败是一次胜利的逃亡

潜龙勿用可以随便一晃

美人计

为什么百用不僵

空城计

到底有多少兵能藏

反间计

别把秘密撂在一旁

苦肉计

给朋友个痛痛快快的伤

连环计

索性把系列产品尝尝

走为上

最后等待你和你们

彻头彻尾地重新开张

十二

三十六计

充其量是六乘六个酒缸

每一缸最藐视的

是张狂

最担心的

是酒量

把握好每一杯的子丑寅卯
点点滴滴把老子和孔子放在心上

再大的战役也可化险为夷
再仇的敌人也能醉容相向

开头瞒天过海
结尾走为上

十三

锁住兵家
身在儒家
心在道家
魂向佛家

目录

总说

六六三十六，数中有术，术中有数。阴阳燮理，机在其中。机不可设，设则不中。

【译文】

六套大的计谋中，又各包含六条计谋，六乘以六，就有了“六六三十六”计。它代表了应变无穷的谋略。谋略中有方法，方法中有谋略。阴阳变化，相辅相成，对立统一，策略就在这种变化之中。应付事变的谋略不能预设，根据预设好的行动就不可能成功。

【易解】

“六”在《周易》指阴爻，在这里指阴谋和权术。“六六三十六”，指阴谋权术再多也不过“三十六”计。“阴阳燮理”指阴阳的调和变化。上述两者在“总说”中是指，阴谋和权术再多也有限，而且互相变化，不是一成不变的

【自解】

《三十六计》讲的是取胜之道，既有谋略也含道义，道义是根本，谋略是保障。谋略要应运而生，不要刻意制造。

【诗解】

战争说

总想说话和总结讲话
可用一种论调
总想取胜和总能取胜
不是一个腔调

最大的战役是休战
最强的计谋是无谋

设计未来不忽视过去
算计别人先算清自己

为什么只六六三十六
不能七七四十九

省下十三点力气
等着真正的对手

第一套
胜战计

处于绝对优势地位之计谋，君御臣，大国御小国之术也。亢龙有悔。

【译文】

处在战争双方绝对优势一方使用的计谋，就如同君王对付大臣，大国对付小国一样。居高位的人要戒骄，否则会因失败而后悔。

【易解】

“亢龙有悔”，出自《周易·乾卦》。意思是，龙飞得不要超过极限，以防后悔或生悲。在本套计中是指，强者要保持冷静。

【自解】

“胜战计”是能绝对取胜一方使用的计谋。

【诗解】

胜战有术

还没开战已分出胜负
这种仗干脆不打

摊块阵地煮茶
三国分晋
六国贿秦
不同的浓度
都要挥发

逞强的故事
犯不着多情和矫情

已经坐在优势里
何必还藐视别人

第一计 瞒天过海

备周则意怠，常见则不疑，阴在阳之内，不在阳之对。太阳，太阴。

【译文】

对某种事情防备太过周密，意志反而会松懈；平常见惯了的事，就不容易起疑心。阴谋在阳光之内，不会暴露在外。光线越明，影子越暗，就像《周易》里的阴阳相对。

【易解】

“太阳，太阴”，出自《周易·系辞》。意思是，光线越明亮，影子就越暗，物极必反。在本计中是指，往往越公开的地方，越隐藏着机密。

【自解】

“瞒天过海”在战争中是指，把秘密隐藏在公开的事物中，蒙蔽或欺骗对方，以出奇制胜。现实中寓指，制造假象蒙混过关。

【例解】

公元220年，曹操病逝。曹丕承袭了父亲曹操的魏王爵位，欲废汉献帝刘协而自立。为了遮人耳目，不留篡位骂名，曹丕暗里逼迫汉献帝主动禅让，并筑禅让台举行禅让礼，昭示天下，欺瞒天下人，名正言顺地成为魏文帝。

【诗解】

天下大计

是战争还是和平
先阅读鸽子的眼神
设计或者设局
摸摸心跳的分寸

成败与高低
挑逗野心家交锋
地盘大小
话语轻重
一棵树
一寸地
一座城
甚至一盅酒
一袭裙
计较进骨髓
霸占到上瘾

底线哪顾道德
利益谈何责任

为了炫耀伟大
天下第一计谋
当然要上天入海
明目张胆地遮掩
自作多情着绝情

在司空见惯里
寻找千载难逢
在大摇大摆中
显出万分慌恐

人最难战胜的
是自信
最难摸准的
是实情

趁着天高云淡
抓紧过海
谁都有可能
被一网打尽

第二计
围魏救赵

共敌不如分敌，敌阳不如敌阴。

【译文】

攻打对面的强敌，不如迫使敌人分散兵力；迎击敌人的正面攻势，不如对准敌人虚弱的地方，伺机消灭他。

【易解】

“敌阳不如敌阴”，从《易经》的角度讲，指过分强势不如柔顺有利；从战争的角度说，强攻不如迂回，攻强不如击弱。在本计中是指，用迂回的策略来解当前之围。

【自解】

“围魏救赵”在战争中是指，以迂回的战术解决问题，比硬碰硬地正面冲突更有效。现实中寓指，婉转地处理问题，效果会更好。

【例解】

公元前354年，魏王欲释失去中山国的旧恨，便派大将庞涓统兵攻打赵国。赵国向齐国求救，并许诺解围后以中山相赠。齐威王随派孙膑和田忌出兵相救。孙膑献计，先攻打兵力空虚的魏国，引诱庞涓回师解救，命田忌在途中歼之。赵国之围遂解。

【诗解】

远近无别

打仗惦记人和城

路途和时间不算成本

有效的路

需要绕行

蜿蜒的那段

留着可餐的风景

把握准进与退的细节
扛得起远与近的辩证

摸住那张短板
赢利了通行

比抄后路还对路
比走正道还道正

为了出奇制胜
管它远和近

第三计

借刀杀人

敌已明，友未定，引友杀敌，不自出力，以《损》推演。

【译文】

敌方的情况已经清楚，友方的态度尚未确定，利用友方力量去消灭敌方力量，自己不用付出。这是从《周易·损卦》推出的计策。

【易解】

“以《损》推演”，借用《周易·损卦》。意思是，运用“损”卦来推演。在本计中是指，尽力减少损失，增大受益。

【自解】

“借刀杀人”在战争中是指，借用别人的力量对付敌人。现实中寓指，在不宜使用自己的力量时，要借助外力达到目的。

【例解】

春秋末期，齐简公兴兵征伐鲁国。鲁国实力不敌齐国，形势危机。鲁国大夫子贡（孔子的学生）认为鲁国弱小，不能与齐抗衡，但是吴国强大，可与齐国比高低。于是，他一边游说齐相田常，应击强吴放过弱鲁；一边到吴国，劝谏吴王夫差，说如果齐攻下鲁后必定取吴。于是，夫差亲率大军攻打齐国，齐大败。子贡借吴国之“刀”，退败了齐国。

【诗解】

刀下留心

谁能躲过
最冷硬那一刀
手和心
就比冰山还冷还高

不要用借来的“刀”
削在别人脸上
被一片片破的
何止是面子的伤

暂时把热量
夹在唇亡齿寒上
在正堂之上
摆满借来的刀枪

不必留过多的时间
看着友军彷徨
把敌人的子弹
顶在自己的膛上

借着寒气
改写另类文章

像风和闪电一样
提刀上马
鞍前马后
飘着希望

至于借了刀
杀不杀人
先和没发霉的良心
商量商量

第四计

以逸待劳

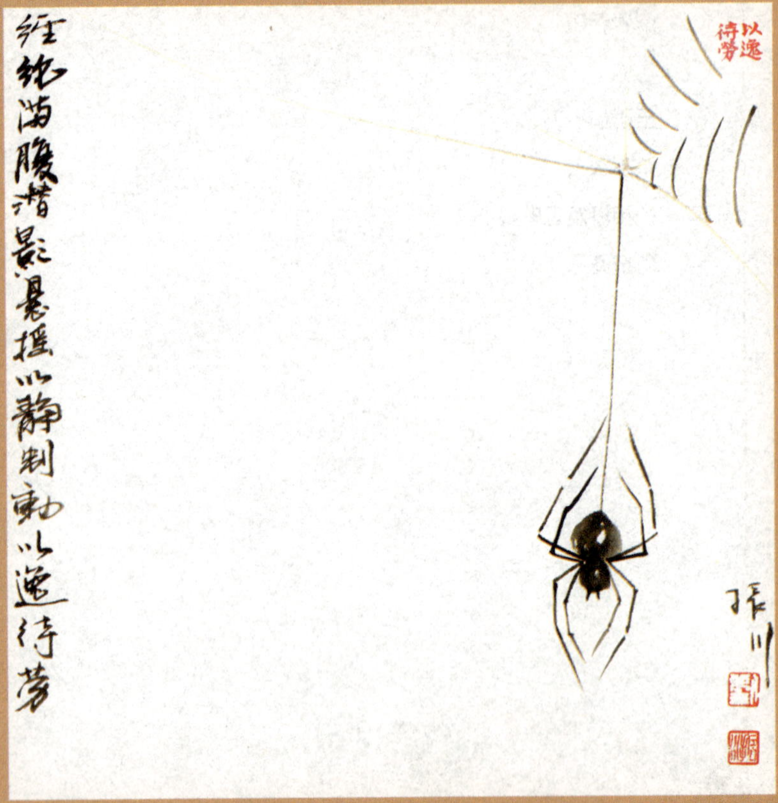

【译文】

消耗敌方势力，不需要用武力作战。敌方刚强的实力被消耗了，我方力量自然会增强。

【易解】

“损刚益柔”，出自《周易·损卦》。意思是，阳刚减损而阴柔增益，要随时节而变，要顺其时而运行。在本计中是指，要保持静观，不宜过急用力。

【自解】

“以逸待劳”在战争中是指，等待对方疲累后再歼之。现实中寓指，要耐心等待时机寻求收获。

【例解】

鲁庄公十年（公元前684年）春，齐国军队攻打鲁国。鲁庄公将要迎战，谋士曹刿请求与庄公同行，举兵长勺与齐军作战。当鲁庄公下令击鼓进军时，被曹刿制止。一直等到齐军三次击鼓后，曹刿才让鲁庄公下令进军。果然，齐军大败。当鲁庄公问及曹刿原委时，他说：第一次击鼓，能够振作士兵的士气；第二次击

困敌之势，不以战，损刚益柔。

鼓，士兵的士气有些低落；第三次击鼓，齐军的士气已经消耗尽了。而我军士气正旺，所以一出战就能获胜。

【诗解】

需要等待

为了一鼓作气
需要用心等待

不是守株待兔那种
没有把握的耍赖

不像姜太公钓鱼
不上钩就属意外

等待着对面的树叶落尽
等待着别人的鲜花开败
等待着瑟瑟的风里
找不到一根敢燃的火柴

可以先把序幕拉开
一地的镰刀斧头收割机
把舞台上的胡思乱想
绞碎了再填埋

耐心等待
不是日子的品质和未来
不劳而获
还真是一种能耐

第五计

趁火打劫

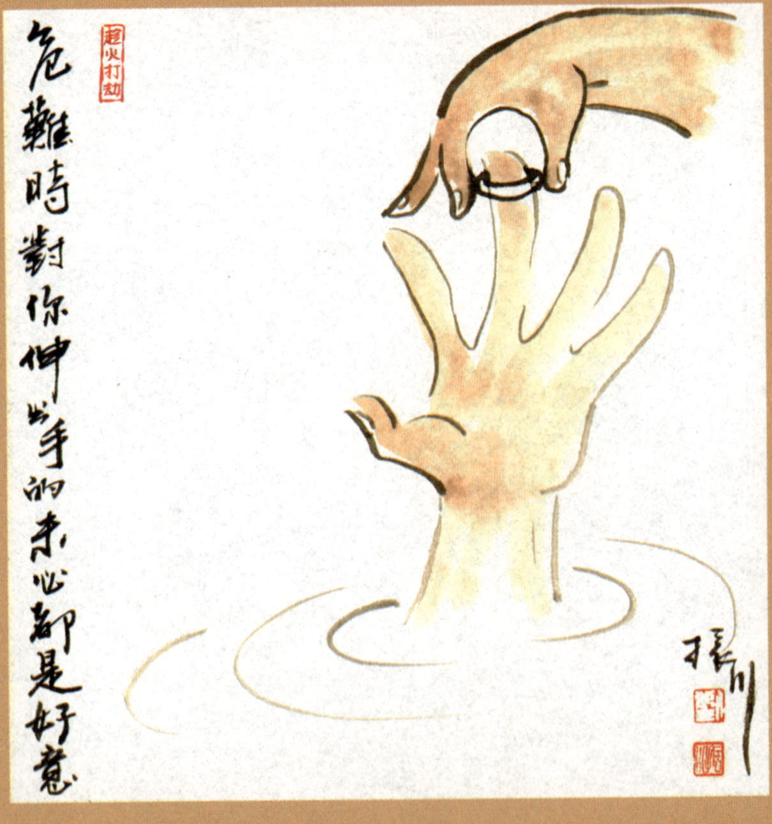

敌之害大，就势取利，刚决柔也。

【译文】

当敌人遇到危难时，就要趁机出兵夺取胜利，这是强者的决断，是抓住有利时机制服敌人的计谋。这是从《周易·夬卦》中的“刚决柔也”悟出的道理。

【易解】

“刚决柔也”，出自《周易·夬卦》。意思是，阳刚君子果决制裁阴柔小人。在本计中是指，果断抓住时机，制服敌人。

【自解】

“趁火打劫”在战争中是指，趁敌人危难之时，夺取胜利。现实中寓指，乘人之危。

【例解】

明朝末年，政治腐败，民生凋敝。李自成率农民起义军一举攻占北京城，建立了大顺王朝。但他们烧杀抢掠，吃喝玩乐，致使京城一片混乱。此时受尽屈辱的吴三桂，投靠了清军，并借清兵势力对抗李自成。清摄政王多尔衮闻讯，联合叛军吴三桂攻入北京，趁火打劫，赶走李自成，逼死崇祯，为清军占领中原奠定了基础。

【诗解】

火中取利

靠着战争的门框
把诗写到手痛的白居易
茅屋中的杜甫
醉剑的李白
大唐
就这么仨俩诗人
还让政治把浪漫
扔进火中

火
烧旺又烧毁了
几个王朝
战国七雄为何称雄
三国鼎立拿啥问鼎
就那么几豆小火
也敢为了利益

把利益烧尽
真的要火烧脸皮吗
满是尘土的车轱辘话
沾着火烧赤壁的诗味
根本没有大火连营的豪情

干脆让前后院都着火
把春风和雨露
装在兜里
留给后人

第六计

声东击西

敌志乱萃，不虞，坤下兑上之象。利其不自主而取之。

【译文】

敌人神志紊乱时，不能正确预料和应付发生事变的复杂局面，正如“萃卦”所说的“坤下兑上”，受到扰乱，要利用敌人不能自主把握前进方向的时机，对其发起进攻。

【易解】

“敌志乱萃”，援引《周易·萃卦》中的《象》辞：“乃乱乃萃，其志乱也。”意思是，心神迷惑，行为紊乱，难辨东西。在本计中指，迷惑敌人，使其不辨东西。

【自解】

“声东击西”在战争中是指，本来想攻西，却佯装攻东，迷惑敌人，出奇制胜。现实中寓指，行为让人不辨真假。

【例解】

西汉时期，七国造反。景帝派大将军周亚夫率军平定。在对付吴王刘濞时，周亚夫在昌邑坚壁不战。当吴王的军队到城墙的东南角结集时，周亚夫在城墙的西北角加强防御，后来吴王果然率兵攻战西北，久攻不入，势力大为削弱。周亚夫最终战胜了吴王，平定了七国之乱。

【诗解】

东邪西毒

高估自己的眼光
不如用显微镜洞悉方向

儒生赵括
硬背地图里的文章
诸葛孔明
被“三顾”的不是智商

心计如羊肠
方向越绕越长
不必担心敌人
浩浩荡荡
往哪个方向
不取决于观望

能不能镇住
内心的东邪西毒
与扑上来的敌人玩枪
真正削命的刀
不在前方
而在后方

第二套

敌战计

处于势均力敌态势之计谋。或跃在渊。

【译文】

敌、我双方处在势均力敌状态下使用的计谋。像游龙潜伏在深谷之中。

【易解】

“或跃在渊”，出自《周易·乾卦》。意思是，游龙潜伏在深谷之中，似跃而未跃，不会有过失。在本套计中是指，势均力敌时，不可贸然行动，要抓住时机，出手必胜。

【自解】

“敌战计”是敌、我双方势力相当时使用的计谋。

【诗解】

势均不敌

势均力敌

不如势均不敌

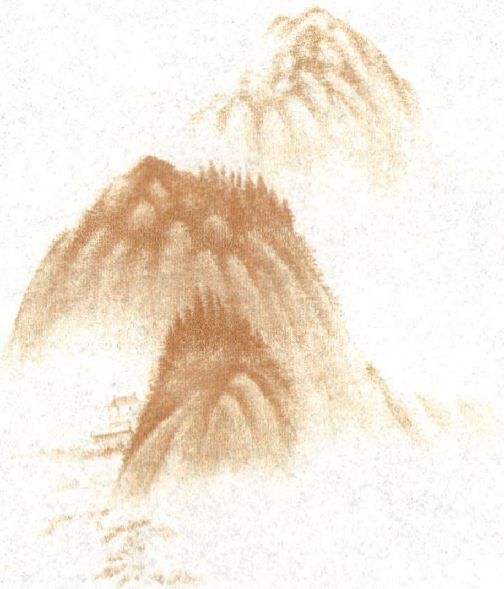

无中生有
是场游戏
隔岸观火
看不透灵魂
暗度陈仓
省略了刀锋
笑里藏刀
没有锋芒
李代桃僵
不如顺手牵羊

实力背靠着平衡
胜利仰仗中庸

第七计 无中生有

诳也，非诳也，实其所诳也。少阴，太阴，太阳。

【译文】

用假象欺骗敌人，但并不是完全弄虚作假，而是以假乱真，造成敌人错觉，出其不意打击敌人。这就是巧妙地运用阴阳转化之理："由阴变阳"、"由虚变实"和"由真变假"。

【易解】

"少阴，太阴，太阳"，寓指阴阳多变，虚实结合。在本计中是指，把虚假变成真实。

【自解】

"无中生有"在战争中是指，制造假象，迷惑敌人。现实中寓指，为了加害别人而生事端。

【例解】

秦始皇死后，丞相李斯与宦官赵高合谋伪造了两份诏书：一是把皇位传给次子胡亥；二是将长子扶苏和大将军蒙恬赐死。胡亥即位后，懦弱无能、听信谗言，受制于赵高。赵高势力越来越大，但还是惧怕李斯，就向胡亥进言说李斯通匪谋反。胡亥信以为真，便将李斯腰斩并灭了九族。赵高两次"无中生有"虽然得逞，但也没落好下场。

【诗解】

真假有别

变脸和变戏法
都是祖传手艺

望梅止渴
梦揽二乔
都是那个人的
创作能力

谁见过刘邦和刘彻
爷孙俩揽过太阳和蟒蛇
只要脊梁能扛住大汉
让扛着江山的人
有尊严扛着
就有资格信口开河

玄武门和陈桥
巴掌大个地儿
能撑粗
唐宗宋祖的腰
都是陈芝麻烂谷子的事儿
既不落俗套
还烈马黄袍

谁敢藐视无中生有
先尝尝莫须有的味道

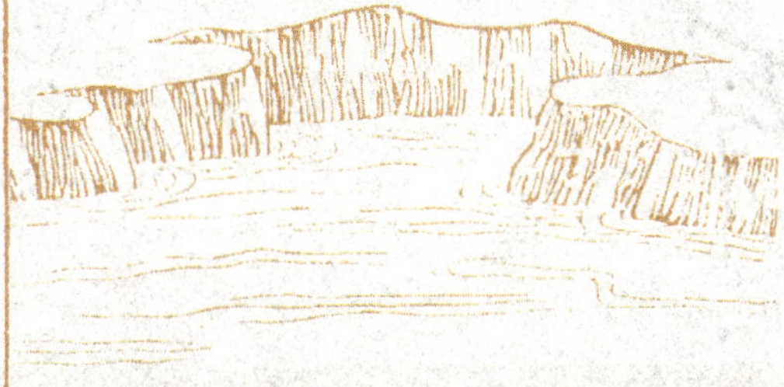

今天外面開坐美女擦眉雨遇赶紧你装自拍喫備影一個

振川畫

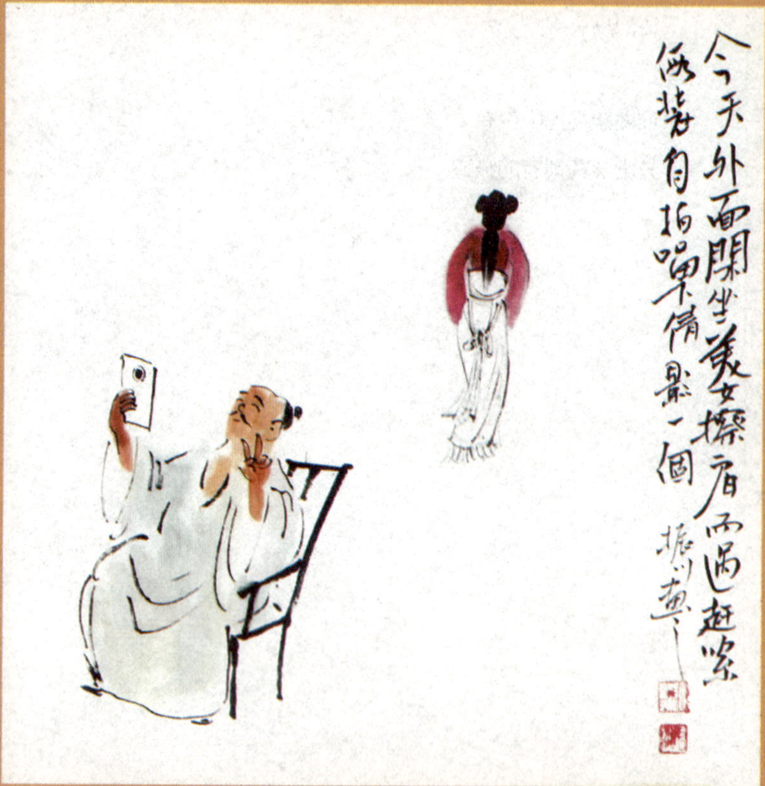

示之以动，利其静而有主，益动而巽。

【译文】

故意暴露自己的行动，以牵制敌人集结固守，我方迂回其后对其突袭。

【易解】

“益动而巽”，出自《周易·益卦》。意思是，增益之时，下者兴动而上者谦逊。在本计中是指，变木成船，顺风而动。

【自解】

“暗度陈仓”在战争中是指，以正面活动迷惑对手，暗里却进行其他行动，出其不意地实现自己的阴谋。现实中寓指，明着准备，暗中却早已行动。

【例解】

公元前206年，刘邦派大将韩信东征，准备与秦大将章邯决战。出征前，韩信派许多士兵去修复烧毁的栈道，造成要从栈道杀回去的架势。章邯的关中守军密切关注着修复栈道的进展，并派主力军在各关口严加防范，以阻拦汉军前进。而韩信却率大军绕道到陈仓（现陕西宝鸡东），向秦军发起袭击。由于韩信此举吸引了敌军的主力部队，章邯毫无防备，大败。

【诗解】

明里暗里

将军和诗人
造型和手法不同
韩信与陶渊明
一点儿也不合辙押韵

跨上乌骓马
听听《山居秋暝》
哪一棵五柳先生
摆弄过淮阴侯的长弓

明与暗
是月亮也是太阳
进和退
曲径通幽
横冲直撞

秘密总想冠冕堂皇
绝技当然理直气壮
哪一点蛛丝马迹
不像变脸一样

放大一把时空
任敌人孤芳自赏
暗里雄赳赳气昂昂的
不只是陈仓

眼睁眼闭或说漠不关心或说时刻警惕

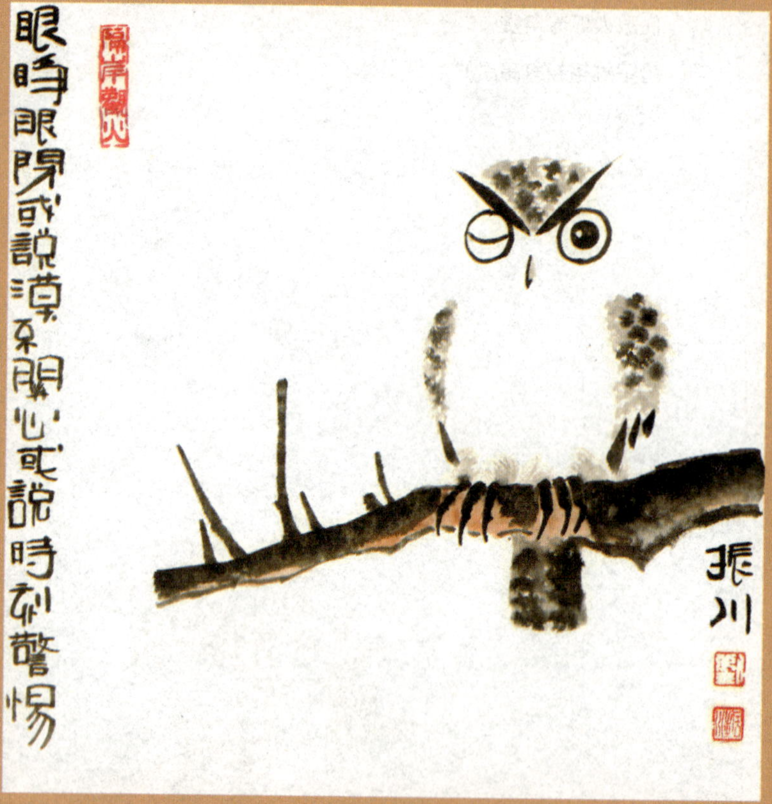

阳乖序乱，阴以待逆，暴戾恣睢，其势自毙。顺以动豫，豫顺以动。

【译文】

公开地表现出多方面的秩序混乱，暗地里却静观敌变，等待局势进一步恶化。任其胡作非为，其气势会自我消亡。

【易解】

“顺以动豫，豫顺以动”，出自《周易·豫卦》。意思是，顺应时机。在本计中是指，用兵征战要遂行，顺应时机而动。

【自解】

“隔岸观火”在战争中是指，看着敌人混乱而坐山观望。现实中寓指，看着对手变弱而袖手旁观。

【例解】

东汉末年，袁绍兵败后，他的几个儿子争权夺利，互相争斗。其中袁尚、袁熙兄弟投奔乌桓，当曹操击败乌恒后，他们又投奔了辽东太守公孙康。曹操得知，对其不围也不打。公孙康本担心曹操进攻，想联合二袁抵抗，但得知曹操已转回许昌后，认为收容二袁有害无益。为了保全自己，公孙康割下二袁首级，派人进献曹操。

【诗解】

过河灭火

生命和利益这两把火
不能小瞧
这岸或那岸
常常火烧眉毛

丈量并放纵火的脾气
盘点能量有多高
面对敌人的大火
心安理得才是高招

永远作壁上观吗

过河看一看

叼着烟　叉着腰

等待捷报

第十计

笑里藏刀

信而安之，阴以图之，备而后动，勿使有变。则中柔外也。

【译文】

设法使敌方相信我方，从而对我方不加戒备。我方暗中策划、积极准备，待机而动，不让敌方有所察觉而采取应变行动。这是一种暗藏杀机却表面柔和的计谋。

【易解】

“刚中柔外也”，出自《周易·咸卦》。意思是，表面柔顺，实质强硬尖利，含而不露，适合向外发力。在本计中是指，外柔内刚，外温内狠。

【自解】

“笑里藏刀”在战争中是指，正面示好，背后下手。现实中寓指，当面微笑背后捅刀。

【例解】

清末戊戌年间，光绪帝倡导维新变法，惹恼了以慈禧为代表的封建顽固势力。慈禧欲废帝复古，致使康有为等人聚力反抗。谭嗣同更是夜访袁世凯，劝其起兵包围颐和园，杀慈禧救光绪。袁世凯表面答应，随后却密报慈禧和荣禄。慈禧立即下旨囚禁皇帝，杀害戊戌六君子等维新党。百日维新失败。

【诗解】

一笑摺之

微笑和宝刀
不习惯捆绑出售
绽放或生锈
功利都粘在身后

长矛一样的唐朝
用笑换刀
李林甫和安禄山
自酿口蜜腹剑
腰斩文武之道
连武则天和杨贵妃
也能一笑得天下
一扭腰闪了王朝
留给闹哄哄的五代十国
开了几十年的玩笑

作秀一样的真笑
不如设计一些假笑
修饰过的宝刀
也妖艳不过屠刀

只要擅长阅读内心
假惺惺地礼让
也可译成
笑嘻嘻的霸道

疯就真疯
笑要真笑
再大的麻烦
挥起宝刀
一削拉倒

实在做不到表里如一
就高贵的卑鄙
不会勇往直前
可以适当躲避

这世界
哪个壁垒
哪个难题
能让笑和刀过不去

第十一计 李代桃僵

势必有损，损阴以益阳。

【译文】

当局势发展到必然会有损失的时候，就应该牺牲局部利益换取全局的胜利。

【易解】

“损阴以益阳”，出自《周易·损卦》。意思是，阳刚减损而阴柔增益。在本计中是指，以小的损失换取大的利益。

【自解】

“李代桃僵”在战争中是指，以小代价获得大利益。现实中寓指，以小换大。

【例解】

东汉末年，曹操起兵讨伐董卓。到荥阳时，曹操被董卓的部下徐荣打败，一路败逃。这时候，曹操堂弟曹洪赶来解救，与曹操换过马和盔甲，假扮曹操，徒步追从。曹操骑马避过徐荣而脱险。

【诗解】

桃李有言

每个人都像一棵树
向着最高的利益增发
一点儿也不留余地
指望着种豆得瓜

狸猫换太子
或田忌赛马
都是丢卒保车

至于李树和桃树
为了整个田园
也可任意借替
桃李有言
各自成蹊

牺牲是一个
宁死也要取胜的过程
舍得孩子不一定套住狼
咽下眼前亏
或成王中王

第十二计

顺手牵羊

微隙在所必乘，微利在所必得。少阴，少阳。

【译文】

敌方出现小漏洞（空隙）必须乘机利用，再微小的利益也要争取。变敌方小漏洞为我方小胜利。

【易解】

在《周易》中，太阴，少阴，少阳，太阳，被称为“四象”。“太阴”是一切事物开始循环的起点，“太阳”是终点。“少阴，少阳”则是指，变化发展的过程，虽不显耀但很重要。在本计中是指，小漏洞可以转化为小胜利。

【自解】

“顺手牵羊”在战争中是指，乘敌人出现漏洞之机取利。现实中寓指，见缝插针，顺势得利。

【例解】

汉高祖元年（公元前 206 年），刘邦为避免与项羽精锐部队作战，退守汉中，休养生息。项羽自称西楚霸王，厚待亲信，排除异己，与义军头领田荣各部展开混战，根本无暇顾及刘邦。刘邦抓住时机，派韩信出兵占领了三秦之地，扩大了地盘和势力范围，为实现统一奠定了基础。

【诗解】

那羊那狼

羊和狼没有道理可讲
人和羊互为因果关系

针尖儿宽的羊肠小路
挤不下羊的理想

得陇望蜀
贪得无厌都是人的理想
绵羊一样的羊
只知道鞭梢上挂个太阳

就怕挖走了心头肉

还有心思

既省力气

又顺手

只要眼前没有主人

或者主人一打盹儿

让狼顺理成章

第三套

攻战计

处于进攻态势之计谋。飞龙在天。

【译文】

向敌人进攻时所采取的计谋。就像龙在天上飞。

【易解】

“飞龙在天”，出自《周易·乾卦》。意思是，龙高飞在天，利于大德之人出来治世。在本套计中是指，要抓住进攻的有利时机，有所作为。

【自解】

“攻战计”是进攻时使用的计谋。在进攻时，关键要看中时机，果断出击。

【诗解】

攻有不克

进攻的要领是选中方向
飞龙不一定老在天上

打草惊蛇
惊动了风向
借尸还魂
还回了分量

什么时候适合调虎离山
取决于欲擒故纵里流出的猖狂

不要为了垃圾抛砖引玉
珍惜擒贼擒王这枚印章

为后退选择好一条温柔的路
前进的信心才能锣鼓铿锵

第十三计 打草惊蛇

疑以叩实，察而后动。复者，阴之媒也。

【译文】

发现疑点，就应当考实查究，然后采取相应行动。反复疑以叩实，是发现隐藏之敌的重要手段。

【易解】

“复者，阴之媒也”，出自《周易·复卦》。意思是，反复了解分析，是发现阴谋的重要手段。在本计中是指，反复地抽打草丛，使潜伏的蛇暴露出来。

【自解】

“打草惊蛇”在战争中是指，反复查究后再行动。现实中寓指，不要轻举妄动。

【例解】

三国时期，徐庶在投靠刘备前，听说刘备贤明，但他不知真假，就想试探一下。有一天，刘备正在看自己的战马。徐庶走上前说自己有相马之术，要求看一下刘备的战马。之后，徐庶说，马虽为好马，但终究要伤害一人，如果将此马送给仇人，那人受伤害后就对你无影响了。刘备听后很生气，他不想害人，所以痛斥了徐庶。徐庶听后却十分高兴，他察明了刘备的贤德，便死心塌地投靠了刘备。

【诗解】

割草捉蛇

小学课本
总爱拿蛇说事儿
《捕蛇者说》
《杯弓蛇影》
《农夫和蛇》
哪一条也不如
打草惊蛇

弯曲的身子
不弯的角色
不靠胳膊也不用腿
潜伏成一门学说

战争习惯在草丛中穿过
为了躲天躲地躲晦气
慎独的蛇
经常伪装成漩涡

为了查究精确
为了赢得透彻
不如先把草割尽
再点一把火

第十四计

借尸还魂

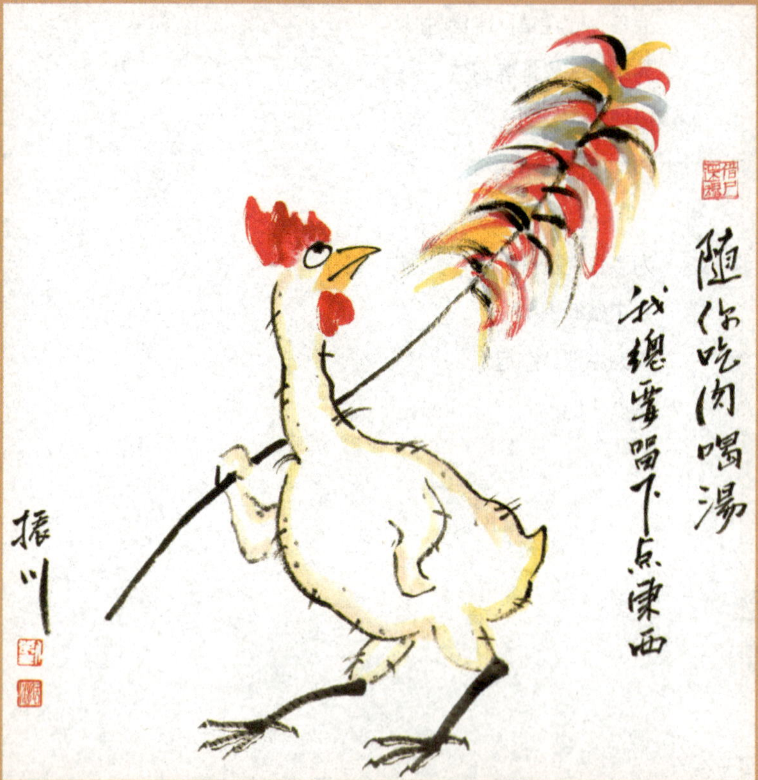

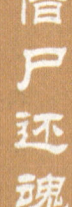

有用者，不可借；不能用者，求借。借不能用者而用之，匪我求童蒙，童蒙求我。

【译文】

但凡有作为的人，往往难以驾驭，而又不能为我所用。自身不能有所作为的人，需要依赖别人生存和发展，就有可能为我所用。将自身不能有所作为的人加以控制和利用，其道理和“幼稚蒙昧之人需要求助于有智谋的人，而非有智谋的人需要求助于幼稚蒙昧的人”一样。

【易解】

“匪我求童蒙，童蒙求我”，出自《周易·蒙卦》。意思是，并不是我要去求蒙昧的人们来受教育，而是蒙昧的人们求教于我。在本计中是指，只有真正想开蒙的人，才能够得到真经，起死回生。

【自解】

“借尸还魂”在战争中是指，凭借一种力量反败为胜。现实中寓指，妙手回春，起死回生。

【例解】

蜀汉建兴十二年（公元 234 年）秋，诸葛亮死于军中。因诸葛亮事先已有安排，姜维等人按其吩咐，密不发丧，封闭消息，令魏延断后，各营缓缓而退。司马懿率大军前来追赶。眼见要追上，忽听一声炮响，树林中飘出一杆大旗，上书“汉丞相武乡侯诸葛亮”。姜维等数十员大将拥着一辆战车，车上端坐着诸葛亮。司马懿见状，怀疑诸葛亮在用诱兵之计，于是下令部队撤退，观察蜀军动向。姜维等人则乘机指挥部队迅速转移至汉中。等司马懿得知诸葛亮已死，再进兵追击时，为时已晚。

【诗解】

借精还神

对于敌人
什么都可以借
除了时机
什么都不能借
除了晦气

名利
使用朋友成为死敌
相互望去
彼此都是尸体

暂让一段路　一座城
甚至一顿饭
把一些无足轻重的皮囊借去
过时的地图
淘汰的战旗
甚至一地的废墟

秦皇汉武
不是唐宗宋祖的对手
除了房谋杜断
除了刀光斧影
连紧闭的玄武门
安详的陈桥驿
都敢信手拈来

爱哭的刘备

鞠躬尽瘁的诸葛亮

从多少死去的枯枝里

发芽出了自己

既然是翻手为云的军事家
索性多借几具尸体
还有几本兵书
几块根据地
重要的是一捧民心
一种主义
谈笑间
还了江山社稷

第十五计

调虎离山

待天以困之，用人以诱之。往蹇来返。

【译文】

等待天然的条件或情况不利时，（我方）再去围困敌方。用人为的假象去诱惑敌方，使其就范，从而往来困难重重。

【易解】

“往蹇来返”，出自《周易·蹇卦》。意思是，往前进发艰难，返归又逢艰难。在本计中是指，处于前进不得、后退也无路的艰难境地。

【自解】

“调虎离山”在战争中是指，让敌人离开优势再歼之。现实中寓指，老虎下山难逞能，人无优势难成功。

【例解】

东汉末年，江东豪杰孙策想争夺长江上游的地盘，于是策划攻取庐江郡。此处地势险要，占据此地的军阀叫刘勋，实力强大。孙策深知硬攻的话，实难取胜，想设计让刘勋离开要地庐江，于是就派信使备了厚礼游说刘勋攻打边境的上缭。刘勋经不住诱惑，即率精兵攻打上缭，导致庐江境内空虚。孙策乘虚而入，占领了庐江。

【诗解】

虎落平阳

老虎坐弯了山峰
才有资格占山为王

战争
鼓励为虎作伥
抱住虎背熊腰
才敢与虎较量

提刀跨马
围着优势前思后想

大胆尝试着摸老虎屁股
或踩住尾巴
与老虎为友
牵着它下山
顺利地走进
那张网

可以尝试着
让老虎挪挪屁股
顺着香味下山

接下来的故事
又需要一张网

第十六计 欲擒故纵

逼则反兵；走则减势。紧随勿迫，累其气力，消其斗志，散而后擒，兵不血刃。需，有孚，光。

【译文】

逼迫敌方太紧，他们极有可能拼死反击；让其逃跑，则可削减其气势，紧紧跟随但不要着急。消磨他们的力气和斗志，使其精神分散而后再擒，不用动刀，避免流血。要善于等待，且有诚心，前景就会光明。

【易解】

“需，有孚，光”，出自《周易·需卦》。意思是，要诚心等待，才有光明，才会吉利。在本计中是指，穷寇莫追，要等到最佳时机。

【自解】

“欲擒故纵”在战争中是指，故意先放一马，条件成熟后再捉拿。现实中寓指，先给甜头，再给拳头。

【例解】

蜀汉建立之后，定下北伐大计。当时西南夷酋长孟获率大军围蜀。为了解决北方的后顾之忧，诸葛亮率大军埋伏在山谷中，决定亲自率兵擒拿孟获。孟获被诱入伏击圈，兵败被擒。诸葛亮考虑到孟获在西南夷的影响，想让他主动投降，便放了孟获。孟获回营，据守泸水南岸，阻止蜀军渡河。诸葛亮再次趁其不备，袭击了他们的粮仓。孟获暴怒，严惩将士，激起将士反抗。将士们相约，趁孟获不备，将其捆绑，压往蜀营。诸葛亮见孟获不服，再次释放。就这样捉了又放，放了又捉。诸葛亮先后七次生擒孟获，最终感动了孟获。孟获举兵投降。

【诗解】

捉放有道

永不放过的
是时间和金钱

把你的心提到嗓子眼儿
给急促的脚步
表演出慢的悠闲

为了争夺到盆满钵满
刀枪剑戟
经常铤而走险

像饿狼一般
抱住利益狼吞虎咽

连葡萄美酒夜光杯
也没空儿流连

急躁和贪婪还在飞速发芽
敌人正落叶一般飘远

大路朝天各让半边
留出一截儿入瓮的空间

多捉放几回又如何
只为让忙乱的他们
乱上加乱
编圆了来回的故事
每一段儿都是经典

第十七计 抛砖引玉

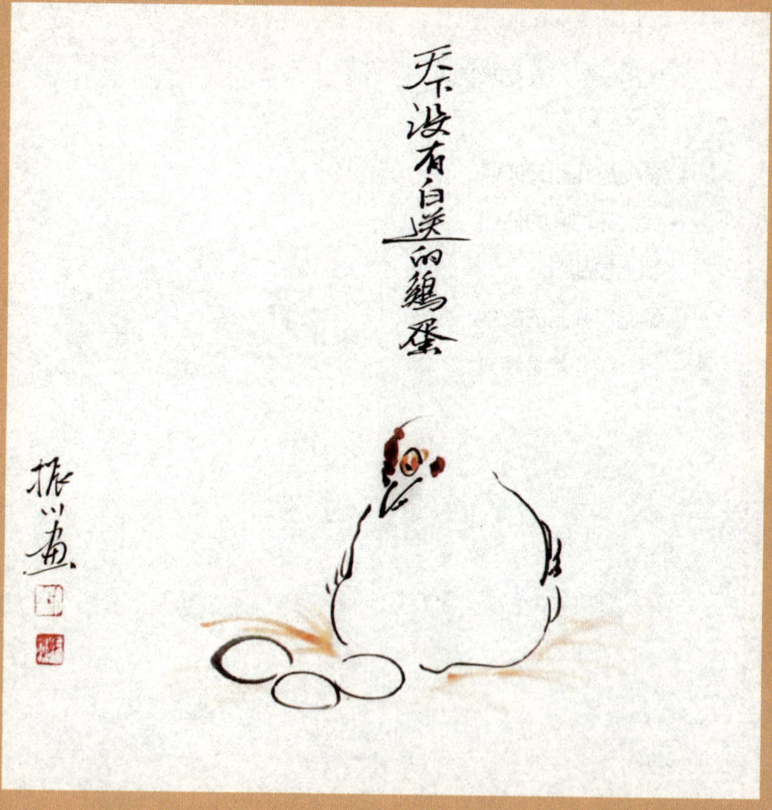

类以诱之，击蒙也。

【译文】

用类似的东西去引诱敌人，便可能打击这种因诱惑而变得愚蒙的人。

【易解】

“击蒙也”，出自《周易·蒙卦》。意思是，打击蒙昧。在本计中是指，不能看不清真相。

【自解】

“抛砖引玉”在战争中是指，以小利诱使敌人上大当。现实中寓指，以粗浅之意引出高明之见。

【例解】

唐代崇贤人窦公善于经营家业，他在京城有一块空地，与大宦官的地相邻。许多人都想买这块地，而大宦官也想得到这块地。于是窦公将这块地送给了宦官。不久，窦公打算去江淮一带做生意，希望宦官给神策军护军写几封信，以求关照。窦公凭着宦官这几封信到处招揽生意，大赚特赚了几笔。后来，他又在市郊买了一块积水的洼地，他让女佣人在洼地前支起蒸饼摊，然后对玩耍的孩子们说，哪个孩子能用石头、瓦片击中洼地，就给他蒸饼吃，扔得越多，得到的蒸饼越多。这件事情引来许多孩子向洼地抛各种砖瓦片。没多久，洼地就填平了。窦公就在上面垫了土，盖了一家客店，专门留宿来往客商，发了大财。

【诗解】

怜砖惜玉

改写历史的路
让砖先行
主人和玉
也能忍心

以小见大的葫芦里
埋着多大的药量
缩写或扩写
都不是好文章

投鼠忌器
不是砖头瓦块的榜样
豆大的小孔里
装不下一米阳光

要把主要精力
用在精雕自己上
孰轻孰重
不必用在刀刃上

抛砖引玉
是一次奢侈的投资
大厦已老
哪块砖为玉领跑

第十八计 擒贼擒王

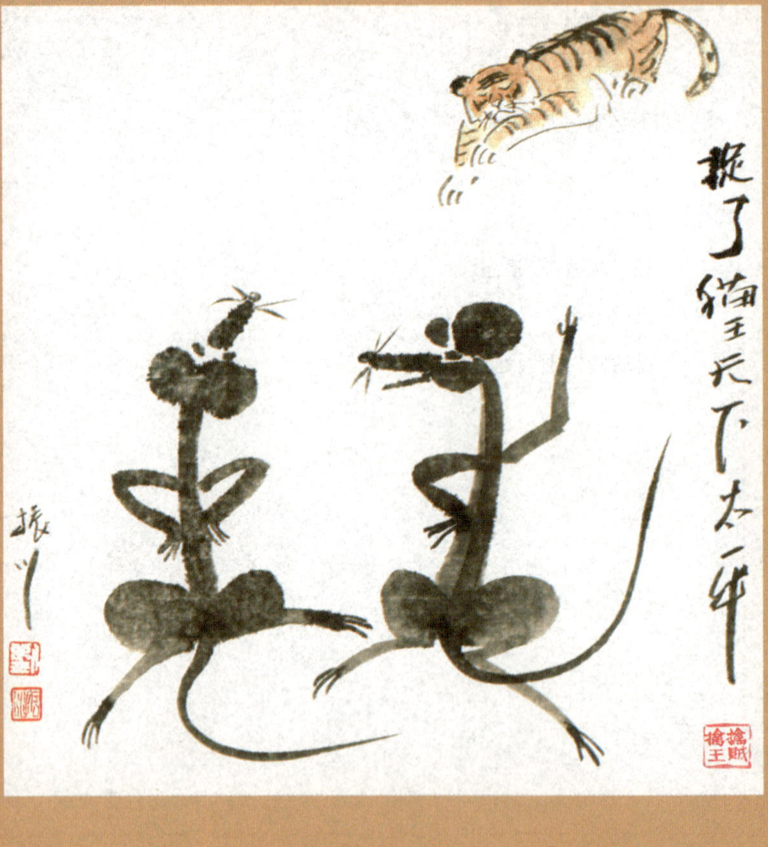

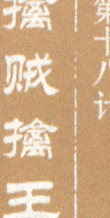

摧其坚，夺其魁，以解其体。龙战于野，其道穷也。

【译文】

彻底摧毁敌人的主力，擒获他们的首领，就可以使其解体了。就像强龙争斗在田野里，就是进入了困顿和绝境。

【易解】

“龙战于野，其道穷也”，出自《周易·坤卦》。意思是，龙不在天上，而在旷野里争斗。在本计中是指，抓住了首领就等于取得了决定性胜利。

【自解】

“擒贼擒王”在战争中是指，战胜敌人的关键是擒其首领，使其群龙无首。现实中寓指，凡事要抓主要矛盾。

【例解】

安史之乱时，安禄山之子安庆绪派勇将尹子奇率大军攻占御史中丞张巡驻守的睢阳城。张巡想射杀尹子奇，但没见过尹子奇。他心生一计，让守军把秸秆削尖作箭，射向敌人。敌军中不少人中箭，但见箭是秸秆做的，以为张巡军中已弹尽粮绝，便争先恐后向主帅报告消息。张巡得以确认谁是尹子奇，便急令神箭手向尹子奇射箭，正中尹子奇左眼。尹子奇收兵退去。

【诗解】

擒王成王

称王称霸
是有骨气的理想
“寡人”这个称号
显得很有气场

高处不胜寒
龙王高在天上
大王赖在山上
各行其道
都怕旗鼓相当
拉锯成大循环
消耗着取之不尽的
公共能量

一招制胜的
肯定不是拖刀计

所谓英雄豪杰

怕输才是最大的胆量

擒住王再成王

才是霸气的文章

抓住一手遮天那只手

什么样的战略设想

都会变成痴心妄想

第四套

混战计

处于不分敌友，军阀混战态势之计谋。见龙在野。

【译文】

双方敌友不分、军阀混战互相争斗情况下使用的计谋。就像龙出现在原野上一样，希望得到正确的方向和目标。

【易解】

“见龙在野”，出自《周易·乾卦》。意思是，龙出现在田野上。在本套计中是指，乱了阵脚。

【自解】

“混战计”是为了各自利益采取的计谋。

【诗解】

战无不混

茅草一样的军阀
足够釜底抽薪

混水摸鱼
关门捉贼
搅乱了同一种心情

金蝉脱壳的是外衣吗
远交近攻真要攻近吗

辨析一下假道伐虢
才知道
胡打乱打
是多么的轻松

第十九计

釜底抽薪

不敌其力，而消其势，兑下乾上之象。

【译文】

力量上不能战胜敌人，可以先瓦解敌人的气势。运用此象推理，可以柔克刚，战胜强敌。

【易解】

“兑下乾上”，出自《周易·履卦》。意思是，以柔顺触犯阳刚，以和悦应对刚强。在本计中是指，制止做饭，砸锅不如撤火。

【自解】

“釜底抽薪”在战争中是指，先彻底消减敌人气势。现实中寓指，从根本上解决问题。

【例解】

东汉建安五年，曹操与袁绍相持于官渡。由于袁绍人多势众，曹操难以取胜。适逢袁绍谋士许攸与营中将士不和，投奔曹操，并献计。曹操听从许攸的意见，派精兵奇袭了袁军的粮仓乌巢，烧掉了袁军的粮草，使得袁军军心大乱。曹操乘机击溃了袁军，为自己统一北方奠定了基础。

【诗解】

断指削足

把炮灰堆砌成粮仓
就能躺在上面睡大觉
做饭和吃饭
是天下大事
添柴或撤火
取决于锅里有多少粮食

军人的刀枪
一辈子也砍不完犁和锄
至于马和车
关键时不及一粒米气粗

谋略家能懂将士的心
地图　望远镜
奖章和军棍
哪个能赶得上
上阵前的老酒一瓮

面对这争来夺去的世界
真理是冰凉的收割机
把幻想和歌声
爱情与传奇
绞得如诉如泣

会吟诗的曹操
一眼就看透了
官渡里藏着个乌巢
不懂诗的周亚夫
也从七国之乱里
抓住了韵脚

哪个将军
没几个压箱底的故事
只要一出手
所有的优势
都被劣势撂倒

第二十计

混水摸鱼

乘其阴乱，利其弱而无主。随，以向晦宴息。

【译文】

乘敌方内部发生混乱，利用其软弱没有主见行事。人应随天时而作息，天晚了就当入室休息。

【易解】

“随，以向晦宴息”，出自《周易·随卦》。意思是，应顺从作息规律，天晚应返回家中休息。在本计中是指，即使敌人混乱，自己也要顺应时事。

【自解】

“混水摸鱼”在战争中是指，乘敌混乱而取利。现实中寓指，乘着混乱而渔利。

【例解】

赤壁之战，曹操大败。为防止孙权北上，曹操派曹仁驻守南郡。这时，孙权和刘备都在打南郡的主意。周瑜在访问刘备时，直来直去地问刘备是不是想取南郡。刘备说，如果周瑜不取，他便去占领。周瑜说，如果他攻不下南郡，任凭刘备去取。周瑜走后，诸葛亮建议刘备按兵不动，先任周瑜与曹兵厮杀。果然，当曹仁误认为周瑜已被射死时，遂率大军突袭周瑜大营。诸葛亮看准时机，迅速派赵云乘曹仁与周瑜混乱之时，先行攻占了南郡。

【诗解】

下水抓鱼

水至清则无鱼
鱼对水是单相思

姜太公不是钓鱼高手
西施也不平白无故沉鱼
鱼跃龙门
临渊羡鱼
和战争没有一点儿关系

思想总爱泛滥
把所有的立场搅乱
在刀和鱼肉之间
手不敢握偏

只要有粮草和武器

有百姓眼里的道理

尽情把敌人的水搅混

下水抓鱼

第二十一计 金蝉脱壳

存其形，完其势。友不疑，敌不动。巽而止蛊。

【译文】

保存阵地现状，进一步完备战斗的各种态势。乘敌方不惊疑之际脱离险境。

【易解】

“巽而止蛊”，出自《周易·蛊卦》。意思是，在下者卑屈静止，在上者停止不前，需要整治。在本计中是指，静止或停止，都需要前进或脱身。

【自解】

“金蝉脱壳”在战争中是指，在敌人没察觉时逃脱。现实中寓指，成功而巧妙地脱身。

【例解】

宋开禧年间，金兵屡犯中原。大将军毕再遇与金军对垒，屡战屡胜。一次在与金交战时，毕再遇见金兵日益增多，而自己却兵少粮寡，想撤退保全实力，但又怕金兵察觉后追杀，于是令部队把营房的旗帜、锅灶等全部保留，并将十几只活羊绑在树上，把倒挂着的羊的前蹄放在鼓上。羊蹄拼命踢鼓，鼓声不断，金兵认为毕军还在营中。毕再遇此时早已率部队脱离险境。

【诗解】

脱胎换骨

真想一刀砍块儿太阳
晒干血迹斑斑的战场
让耍阴谋和被阴谋耍的人
见见阳光

夏天是个酝酿战争的季节
爱恨情仇
在烈日和狂风里
火苗一样的往上涨

那挂在树尖上的蝉
字字血　声声泪
一世界的安静
也会闹翻

新机会和新生命
总愿意躲在后面
为了脱胎换骨
不必心惊胆战
也不计千难万险

为了新生命
脱几层皮也干

第二十二计

关门捉贼

小敌困之。剥，不利有攸往。

【译文】

对付弱小或数量较少的敌人，要设法围困他们，不宜着急去追赶或远袭。

【易解】

“剥，不利有攸往”，出自《周易·剥卦》。意思是，应顺应时势，不要随便前往。在本计中是指，衰败之时不要随便行动。

【自解】

“关门捉贼”在战争中是指，对待小股敌人不宜追击，要先设法将其围困。现实中寓指，困住对方使其自灭。

【例解】

战国后期，秦国攻打赵国。长平守将是赵国名将廉颇，他见秦军势力强大，便命令部队坚壁固守，不与秦军交战。两军相持四个多月，秦军仍拿不下长平。秦王采纳了范雎的建议，用离间法让赵王怀疑廉颇。赵王中计，调回廉颇，派赵括为将到长平与秦军作战。赵括到长平后，完全改变了廉颇坚守不战的策略，主张与秦军对战。秦将白起故意让赵括尝到一点甜头，让赵括的军队取得了几次小胜。赵括果然得意忘形，派人到秦营下战书，正中白起的下怀。他分兵几路，对赵括军形成包围圈。最后，赵括中箭身亡，赵军大乱。

【诗解】

引贼入室

正义已站在房上
贼们
只能往门缝里想
穷寇勿追
敞开门
最节省力量

战略家
不打落水狗
最后一枪
受害的不只一方

胜利需要储存能量

画地成牢

只要有贼

关死了

一个不放

第二十三计 远交近攻

形禁势格，利从近取，害以远隔。上火下泽。

【译文】

受地形、地势限制，先攻取近敌，有利；越过近敌，攻取远隔之敌，有害无益。水火相克不相生，两相违背。

【易解】

“上火下泽”，出自《周易·睽卦》。意思是，上火下泽，互相违背。在本计中是指，远近互相背离，做事不合时宜。

【自解】

“远交近攻”在战争中是指，先与远敌建交，攻打近敌。现实中寓指，不要舍近求远。

【例解】

战国末期，七雄争霸。秦昭王开始图谋吞并六国，准备兴兵伐齐。范雎此时向秦昭王献上“远交近攻”之策，阻秦国攻齐。他说，齐国势力强大，离秦国又很远，攻打齐国，部队要经过韩、魏两国。军队派少了，难以取胜；多派军队，打胜了也无法占有齐国土地。不如先攻打邻国韩、魏，逐步推进。为了防止齐国与韩、魏结盟，秦昭王派使者主动与齐国结盟。其后四十余年，秦始皇继续坚持“远交近攻”之策，终于实现了统一六国的愿望。

【诗解】

远诗近食

写在远方的是诗
摆在眼前的是食
诗我之情也
食我之命也

“战国七雄”
是七粒棋子
只有那个秦国
任意摆局

远在天边的大事
鞭长莫及
贴在跟前的小事
敲打精细

兔子不吃窝边草
是小人物心理
远来的和尚会念经
不一定是天语

见风使舵
不懂瞻前顾后
由远及近
明白由表及里

谁知道
自己吃几碗干饭
老看不出
眉眼有高低

干好眼前的事
吃饱家里的饭
和远方与诗
保持距离

第二十四计

假道伐虢

两大之间，敌胁以从，我假以势。困，有言不信。

【译文】

处在敌、我两国之间的小国，敌方胁迫小国屈从于他时，我方则要借机去援救它，造成一种有利的军事态势。对处在困境的小国，光空谈而没有行动，是不会有人相信的。

【易解】

“困，有言不信”，出自《易经·困卦》。意思是，对处于困顿的一方，只有空言是不会有人相信的。在本计中是指，要有实际表现。

【自解】

“假道伐虢”在战争中是指，借甲国的“道”取乙国，然后再得甲国。现实中寓指，借外力取双利。

【例解】

春秋时期，晋国想吞并邻近的两个小国：虞和虢。但这两个国家关系不错。大臣荀息向晋献公献上一计：要想攻占这两个国家，必须要离间他们，使他们互不支持。他建议晋献公拿出心爱之物，送给虞公。献公依计而行。虞公得到宝物，高兴得合不拢嘴。之后，晋国故意在晋、虢边境制造事端，准备伐虢，要求虞国借道让晋国伐虢。虞公得了晋国好处，很快就答应了。晋军通过虞国道路，攻打虢国，很快就取得了胜利，并把劫夺的部分财产分给了虞公。这时，晋军大将里克装病，说回不了国，暂时把部队驻扎在虞国京城附近。几天之后，献公约虞公打猎。不一会儿，只见京城中起火。虞公赶到城外时，京城已被晋军里应外合强占了。就这样，晋国又轻而易举地灭了虞国。

【诗解】

得一妄二

借田种地
擅自登高
明夺暗抢
都不算祖传手艺

成功是食物链
大鱼吃小鱼
小鱼吃虾米
一路吃来丢了自己

所有的利益
都放在盘子里

有了理由和力气
就大模大样去取

“假道伐虢”
“既生瑜，何生亮”
是典故
拉扯在一起
是事故

借口
需要逼真和强势
借道
不用道理和良知

只要用力扯两嗓子
所有的以假乱真
和见利忘义
不再可耻

借“我”半斤八两又如何
一桌子好饭
喝醉了再吃

第五套

并战计

对付友军反为敌态势之计谋。终日乾乾。

【译文】

对付友军变成敌人时所用的之计谋。要自强不息，勤奋努力。

【易解】

“终日乾乾”，出自《易经·乾卦》。意思是，君子整日勤勤恳恳，谨慎行事。在本套计中是指，对友军也要保持警惕，小心生变。

【自解】

“并战计”是当友军变成敌人时使用的计谋。

【诗解】

反目成仇

化敌为友
比反目成仇浓度大
上屋抽梯
偷梁换柱
都用了比拟手法

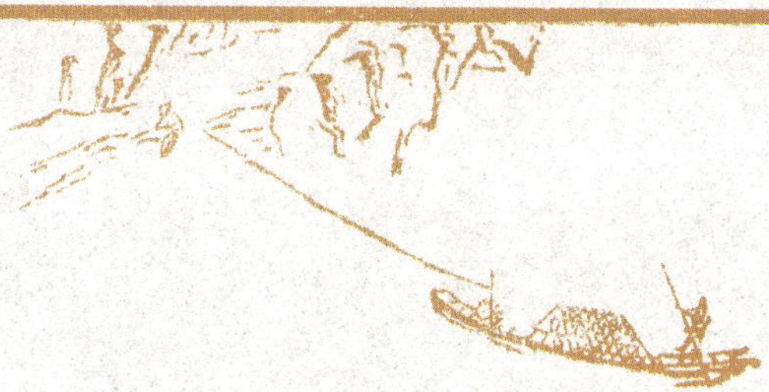

盘问一下
假痴不癫
到底指桑骂槐
是为了反客为主
还是树上开花

合并同类项
然后一言不发

第二十五计

偷梁换柱

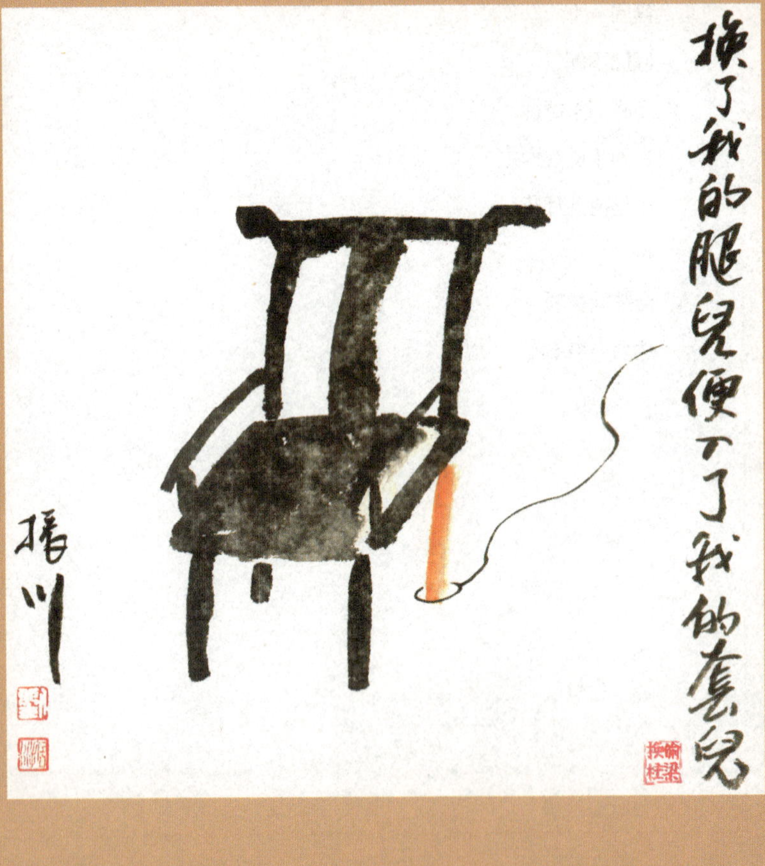

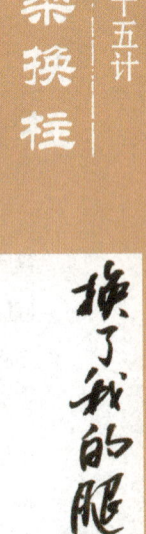

频更其阵，抽其劲旅，待其自败，而后乘之，曳其轮也。

【译文】

多次佯攻敌军，使其频繁更换阵营、抽调其中坚力量，等到其自行衰败时，趁机行动。就像拖住了车轮子的车辆无法行驶一样。

【易解】

“曳其轮也”，出自《周易·既济卦》。意思是，往后拖拉前进中的车轮，使其无法前进。在本计中是指，拖住敌人，替换他。

【自解】

“偷梁换柱”在战争中是指，把友军的阵容搞乱，使其调开自己的主要兵力。现实中寓指，关键的部分被调换了。

【例解】

公元前200年，刘邦派陈烯统率边兵，对付匈奴。韩信因被刘邦楚王贬为淮阴侯，心中怨恨至极，私下里会见陈烯，以自己的遭遇为例，警告陈烯。陈烯吸取教训，在代郡反汉，自立为代王。刘邦领兵亲自声讨陈烯。此时，吕后得知韩信的计谋后便设下一计，对付韩信。吕后先是派人在京城散布“陈烯已死，皇上得胜，即将凯旋”的消息，然后请韩信立即进宫。

结果，韩信被吕后逮捕，囚禁在长乐宫之钟室。半夜时分，韩信被杀。盖世英名的韩信至死也不知道，“陈烯已死的消息”完全是谎言。

【诗解】

伤筋动骨

武器　营房　将士　粮仓
这种排列可任意组合
旗帜　名分
立场里站着荣光

偷梁换柱
根本不在意房子

太子　狸猫
换的是人道

用梁柱说事儿
容易上良心的当
偷来换去
容易让骨肉受伤

天下有几个李斯和赵高
算计完别人
再残害对方
最后把一屋子廉耻
钉在柱子上

第二十六计

指桑骂槐

大凌小者，警以诱之。刚中而应，行险而顺。

【译文】

实力强大的一方凌驾于实力弱小的一方之上，要用警告的办法来加以诱导。也就是说，适当的强硬，可以得到拥护；施用险诈，可以得到顺从。

【易解】

“刚中而应，行险而顺”，出自《周易·师卦》。意思是，统帅刚直，即便遇险，也能一帆风顺。在本计中是指，方法得当就能顺利。

【自解】

“指桑骂槐”在战争中是指，用警告友军的方式强化自己的力量。现实中寓指，“敲山震虎”的另一种方式。

【例解】

公元208年，曹操下战书要攻打孙权。在这种紧急情况下，孙权召集群臣商议对策。有人主张降曹，有人主张抗曹，弄得孙权一时没了主张。这时，诸葛亮前来舌战群儒，加上周瑜、鲁肃等对形势的全面分析，坚定了孙权抗曹的决心。于是，他召集群臣说：“我要和曹操血战到底！”接着，他拔刀劈向帅案，说：“谁再劝降如同此帅案！”孙权以刀劈帅案震慑了主张投降曹操的人们。

【诗解】

一触即伐

桑树　槐树
是不是孪生兄弟
生物家　军事家
眼光不一样

孙武硬杀吴姬
孙权愣劈帅案
姓孙的人
让别人成了孙子

指桑骂槐
是乡下女人的打法儿
用来指点战争
不会种豆长瓜

最好不让人抓住把柄
更要小心
桑树被指
槐树被骂

为了胜利
不要向我开炮

学会当爷爷
更能装孙子

管好所有的树
正常发芽

第二十七计 假痴不癫

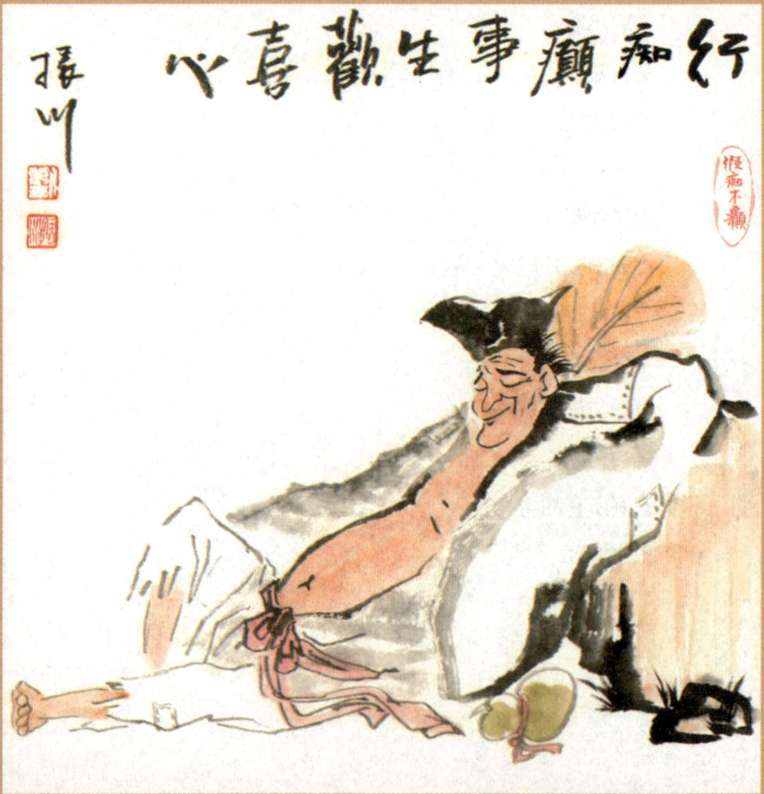

宁伪作不知不为，不伪作假知妄为。静不露机，云雷屯也。

【译文】

宁可假装不知道而不采取行动，也不要假装知道而轻举妄动。镇静而不泄露机密，如惊雷藏在浓云中，等待时机。

【易解】

“静不露机，云雷屯也”，出自《周易·屯卦》。意思是，乌云骤起，雷声交加。在本计中是指，艰难时期，不可轻举妄动。

【自解】

“假痴不癫”在战争中是指，假装不知道而不行动。现实中寓指，装傻充愣，含而不露。

【例解】

三国时期，刘备早已有夺取天下的抱负，只是力量弱小，无法与曹操抗衡，且处在曹操的控制之下。刘备装作每日只是饮酒种菜，不问世事。一日，曹操请他喝酒，纵论天下英雄。曹操对刘备说：“天下英雄，只有你和我两个人！”一句话吓得刘备把手中的筷子都掉地下了。幸好此时有一阵雷声，刘备连忙说自己是被雷声吓的。曹操见状，认为刘备连雷声都害怕，成不了大器，于是对他放松了警惕。后来，刘备摆脱控制，远走高飞，成就了大业。

【诗解】

难得糊涂

萧规曹随
青梅煮酒
康熙除鳌拜
历史老在细节中权衡
是神经衰弱
还是判断失误

老天的气象
厚土的面子
想冠冕堂皇混日子
就要凭阳光维护

真想不露马脚
先盖好不被看穿的布

云和雷算作弊的高手
场面却靠闪电维护
根本不需要证据
只要有雨或雪光顾

我真的不想
为了前进而踟蹰
也不肯
为了求生而断足
更不愿
导演并主演真聪明
与假糊涂
只想在道义的塔尖上
不聋不傻
闲庭信步

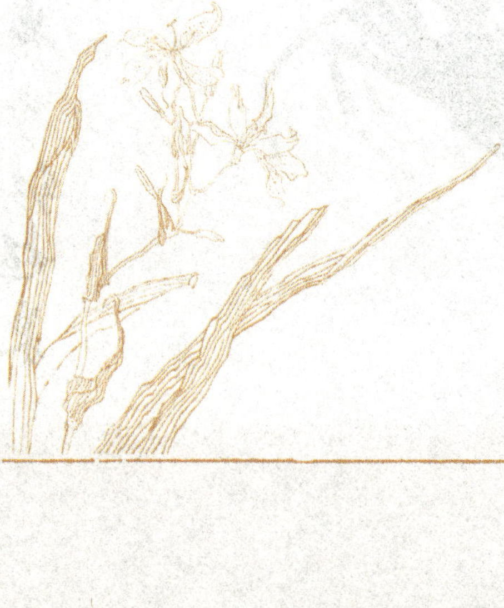

第二十八计 上屋抽梯

假之以便，唆之使前，断其援应，陷之死地。遇毒，位不当也。

【译文】

假装提供便利，唆使敌人前来，并切断他的后援和前应，置其于死地。中毒，是因为居位不当。

【易解】

“遇毒，位不当也”，出自《周易·噬嗑卦》。意思是，中毒是因为吃了不该吃的东西。在本计中是指，居位不当会断了后路。

【自解】

“上屋抽梯”在战争中是指，明为提供便利，实为要置他人于死地。现实中寓指，看似帮你，实则害你。

【例解】

赵匡胤发动陈桥兵变，黄袍加身，登上皇位后，为了巩固自己政权，防止老臣旧将们生变，于是宴请群臣，与大家举杯共饮，说：如今天下太平，你们若能平静地安享荣华富贵，不问国事，是最好不过了。赵匡胤采用“杯酒释兵权”的办法，让出生入死的将军们告老还乡，颐养天年，从而夺去了他们的兵权，巩固了自己的政权。

【诗解】

登梯就高

把思想和旗帜
插在房上
语言和目光
保持着凝望

不要轻易上梯子的当
有了高度
就有黄雀翘在后方

应该蔑视
那些以少胜多的战场
计较并挖苦
不符合逻辑的生存与死亡

不该吃的东西
尝都不尝
不能上的房
想都不想

每一项成功
都会高高在上
从天平的眉眼里
看出了几斤几两

既然已经登上梯子
正好缓缓劲儿
卸下包袱
再上一档

第二十九计

树上开花

借局布势，力小势大，鸿渐于陆，其羽可用为仪也。

【译文】

只要借助某种局面布成有利的阵势，兵力弱小的，阵容也会显得强大。鸿雁徐徐落地，它的羽毛可以用作装饰，增添气氛。

【易解】

“鸿渐于陆，其羽可用为仪也”，出自《周易·渐卦》。意思是，鸿雁徐徐飞行，停息在陆地上，它的羽毛可用来作装饰。在本计中是指，力量逐渐强大。

【自解】

“树上开花”在战争中是指，借友军的力量扩大自己的势力。现实中寓指，借外力发展壮大自己。

【例解】

三国时期，蜀魏交战。刘备在荆州，势孤力弱。这时，曹操领兵南下，大败刘备。刘备只得仓皇逃走，令张飞断后。张飞只有二三十名骑兵，怎敌得过曹操的大队人马！但张飞临危不惧，临阵不慌，心生一计。他命令所率的二三十名骑兵都到树林子里去，砍下树枝，绑在马后，然后骑马在林中打转飞跑。张飞一人骑着黑马、横着长矛，威风凛凛地站在长坂坡的桥上。追兵赶到，见张飞独自跨马横矛站在桥上，又看见桥东树林里尘土飞扬，以为树林中有伏兵，不敢上前。张飞只带着这二三十名骑兵，就阻止住了追击的曹兵。

【诗解】

花开有晌

关羽的确是朵鲜花
被绑在曹操的树上
装聋作哑

张飞的大嗓门
却让长坂坡的树枝
开出了鲜花

能在树尖儿上做文章
不是状元也是探花
为了装饰完美
不吝啬借代和浮夸

确保每一棵树
每一朵花都听话
利用好沉默的土地
设计有用的场面
让伟大的秧苗
择时发芽

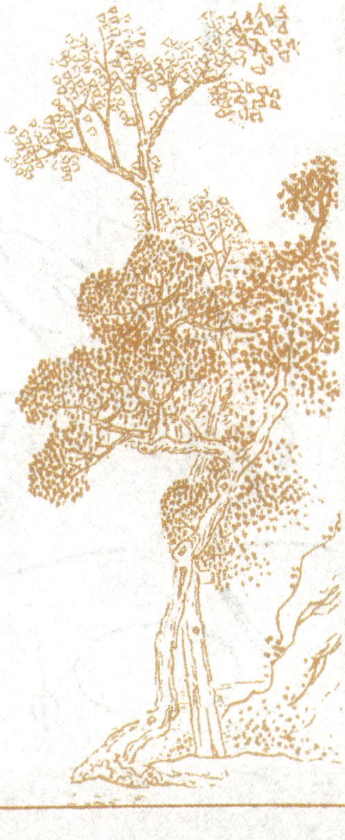

第三十计

反客为主

乘隙插足，扼其主机，渐之进也。

【译文】

乘着对方有空隙，插足其中，并掌控其首脑机关。这就是循序渐进的结果。

【易解】

“渐之进也”，出自《周易·渐卦》。意思是，渐渐前进，不宜过快。在本计中是指，反客为主需要过程，不可操之过急。

【自解】

“反客为主”在战争中是指，以客人的身份插足，并成为主人。现实中寓指，配角变成主角的本领和过程。

【例解】

三国时期，吴主袁绍想得到冀州。他先暗地里联合公孙瓒一起打冀州，又告诉冀州牧韩馥，说公孙瓒想得到冀州，引起了韩馥对公孙瓒不满。袁绍再以客人的身份进入冀州，声称要帮助韩馥抵御公孙瓒。袁绍进入冀州后，却得寸进尺，逐渐取代了韩馥，自己当上了冀州牧，实现了反客为主。

【诗解】

主次不明

刘邦　刘备　刘禅
都爬过别人的屋檐
端着嗟来之食
忽视了脸面

做主人
脸上装点儿客气
当客人
胸中揣些霸气
都是有理想的人
还怕做几回过客
穿过厅堂
一针见血
一言九鼎
忘乎所以

只要不醉倒鸿门
留宿阿房宫
只要不入笼东吴
乐不思蜀
从奴隶到将军
从宿敌到手足
谁能和失败拍案而起
谁就老子天下第一

人生无常
笑谈攒局
客气只会侧立
霸气能坐主席

第六套 败战计

处于败军态势之计谋。潜龙勿用。

【译文】

处在战败态势一方使用的计谋。就像潜伏在水中的龙，不会有太大作为。

【易解】

“潜龙勿用”，出自《周易·乾卦》。意思是，潜伏在水中的龙不宜有所作为。在本套计中是指，处于败军态势，不宜作战。

【自解】

“败战计”是打败仗一方所使用的计谋。打败仗时，宜守不宜战。

【诗解】

一败高低

反败为胜是道难题
反间计　苦肉计　都不如美人计

空城计里能装多大的天
一世界心眼
能盛多宽的地

连环计　把累和死连成紧密
走为上　应是最后一步棋

第三十一计 美人计

兵强者，攻其将；将智者，伐其情。将弱兵颓，其势自萎。利用御寇，顺相保也。

【译文】

敌人的兵士强健，就攻击他们的将领；将领明智，就打击他们的情绪。将领虚弱了，士兵必然颓废，形势状态就自动萎靡，用此计防御敌人，可以顺利保全自己。

【易解】

“利用御寇，顺相保也”，出自《周易·渐卦》。意思是，有利于抵御外寇，顺利保全自己。在本计中是指，抵御强寇，保全自己。

【自解】

“美人计”在战争中是指，用美色诱使敌人上当。现实中寓指，英雄难过美人关。

【例解】

汉献帝九岁登基，朝廷由董卓把权。满朝文武，对董卓又恨又怕。司徒王允决定除掉他。董卓的义子吕布，骁勇异常，忠心保护董卓。但他们有一个共同的弱点：皆是好色之徒。王允府中有一歌女，名叫貂蝉。这个歌女不但色艺俱佳，而且深明大义。王允向貂蝉提出用美人计诛杀董卓的计划。貂蝉决定牺牲自己，为民除害。在一次私人宴会上，王允主动提出将自己的“女儿”貂蝉许配给吕布。之后，王允又将貂蝉献给了董卓。吕布知道之后大怒，当面斥责王允。王允编出一番巧言哄骗吕布，使吕布和董卓反目成仇。最终，吕布除掉了董卓。

【诗解】

温柔一刀

大雁落地
羽毛惊艳
秀成一朵朵
可利用的
西施貂蝉

英雄们忙着爱美人
正好让美人们
秀色待餐
玫瑰味的香唇
带钩儿的眼神
叼走了多少赤胆忠心

那刻在失忆里的记忆
游戏于薄情中的风情
把“铁骨”铮铮
玩成断线风筝

这真是一张
勾引江山的好网
兜住几多帝王将相
小小的战争
薄薄的英雄
哪禁得起
怀中美人
一嗔摄魄

明知是计
死了也乐意

第三十二计 空城计

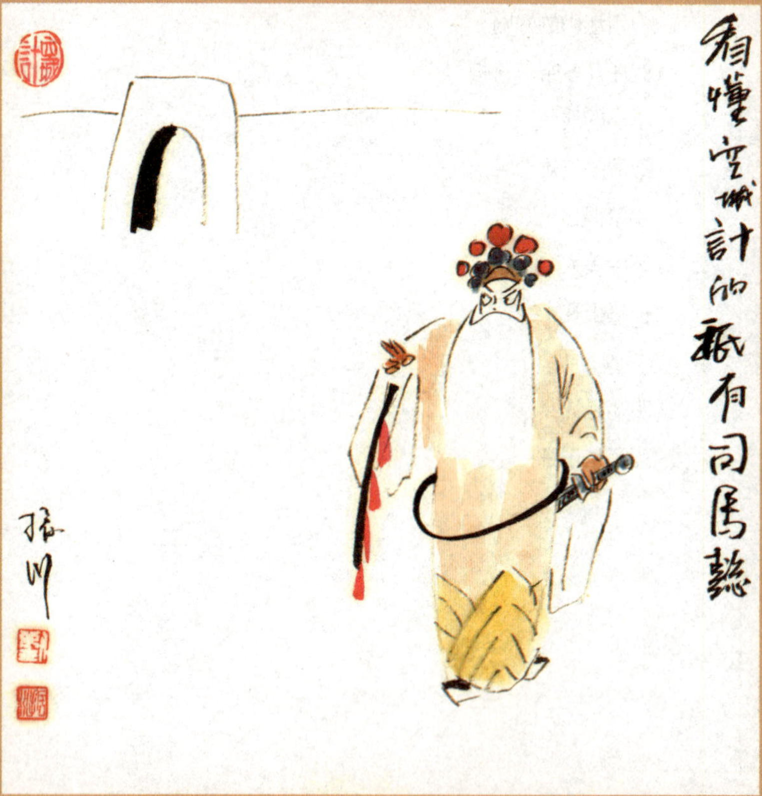

虚者虚之，疑中生疑；刚柔之际，奇而复奇。

【译文】

空虚的就让它空虚，在疑惑中更生疑惑，使刚与柔交会，没有灾难。

【易解】

“刚柔之际，奇而复奇”，出自《周易·渐卦》。意思是，刚柔相互交会，能够变得神奇而无灾。在本计中是指，虚实变幻，能够解除困境。

【自解】

“空城计”在战争中是指，实为空城，却让敌人感到内有伏兵。现实中寓指，用计谋掩盖虚实，骗过对方。

【例解】

三国时期，魏国派司马懿挂帅进攻蜀国街亭。诸葛亮派马谡驻守失败，司马懿率大军乘胜追来，直逼西城。诸葛亮虽无兵迎敌，但沉着镇定。他命人打开城门，独自一人携两个书童在城楼上抚琴。司马懿怀疑城内有伏兵，不敢进攻，只好撤退。

【诗解】

空洞有物

可以尝试着
来一回
在劫难逃
被敌人逼到墙根儿
背靠着
一座空巢
再找救命稻草

指望不上救兵
更没资格动员号召
唯一依靠的资本
是无依无靠

大胆假设
一次柳暗花明
大张旗鼓
一回奇思妙招
镇定到
三五步走遍天下
冷静成
仨俩人胜百万雄兵

空气冷到发烧
声音静得心躁
忽听琴声潺潺
退兵如潮

第三十三计 反间计

疑中之疑。比之自内，不自失也。

【译文】

疑阵中布置疑阵。利用敌人隐匿在我方的间谍，为我方传递假情报。信任来自内部，自己不会受到损失。

【易解】

“比之自内，不自失也”，出自《周易·比卦》。意思是，发自内心地相亲相辅，没有失去主动性。在本计中是指，利用内部的敌人传递让其相信的信息。

【自解】

“反间计”在战争中是指，利用潜伏的“敌人”欺骗敌人。现实中寓指，用敌人对付敌人。

【例解】

楚汉战争中，一次项羽的大军把刘邦困在了荥阳。为减少损伤，项羽派使者前往刘邦大营游说。刘邦和谋士陈平等深知项羽有勇无谋，其主要靠亚父范增辅佐。项羽若失去范增，就等于失去他的大脑和左膀右臂。于是，陈平献计离间项羽和范增。当使者到来后，刘邦故意说：“我以为是范增派来的人呢，原来是项羽派来的！”说完，他便让人把好饭好菜撤下，换上了粗茶淡饭。这让项羽的使者既生气又感到意外。他回去后把这些情况一五一十地说给项羽。项羽怀疑范增与刘邦有勾结，便开始疏远范增，继而逼走范增，自己逐渐走上“自刎乌江”之路。

【诗解】

真假好分

真不知道
自家的盘子里
谁是敌人的“心头肉”
正用一股暗香诱杀我
也闹不清
谁是我们的眼中钉
在用万丈光芒
揉碎我

多少大人物
袁崇焕　范增
多少小人物

蔡瑁　张允

禁得住几个马脚踢腾

历史总在重复
改朝换代的故事
哪一串钥匙
才能开启
和平的大门

虚假
可以任意交换
道德
不能随便搁浅
只要你愿意
请让我来骗

第三十四计 苦肉计

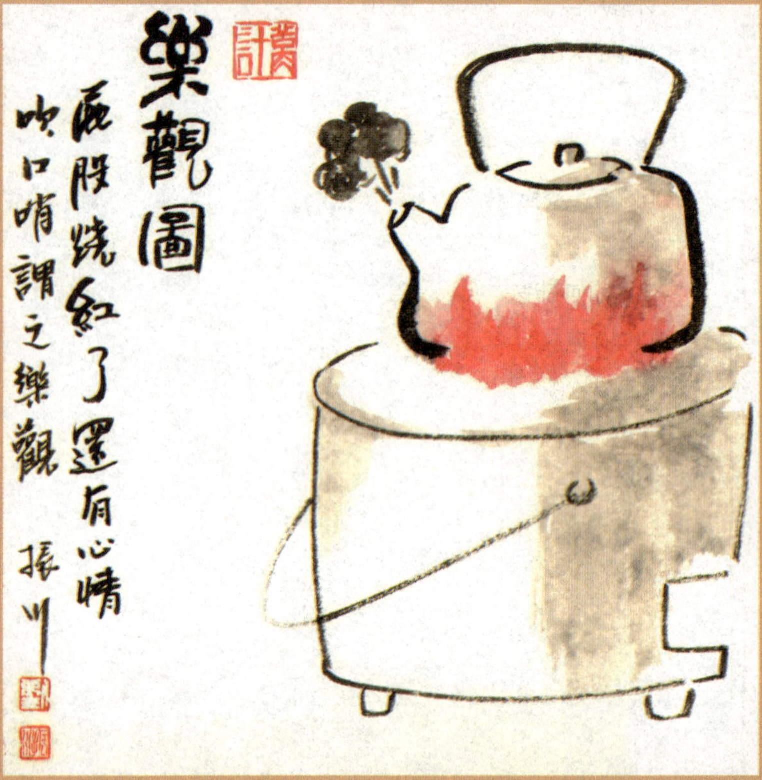

人不自害，受害必真；假真真假，间以得行。童蒙之吉，顺以巽也。

【译文】

常人不会伤害自己，如果受到伤害，必定是真的，真假互相掩盖，离间得以实行。幼稚的蒙昧之人所以吉祥，是因为柔顺和谦逊。

【易解】

“童蒙之吉，顺以巽也”，出自《周易·蒙卦》。意思是，幼童蒙昧，恭顺谦逊。在本计中是指，童心容易被蒙骗。

【自解】

“苦肉计”在战争中是指，自己人相互伤害骗取敌人信任。现实中寓指，为了达到目的而自残。

【例解】

春秋时期，诸侯争霸。郑国的郑武公野心勃勃，决计征伐胡国。他先是把自己的女儿许配给胡国的君主，而后又杀掉了主张攻取胡国的、忠心耿耿的大将关思琪，这使得胡国国君对郑国放弃了戒备之心。就这样，郑国突然举兵伐胡，将其一举歼灭。

【诗解】

手足连心

信任
如果能明码出售
血肉
是最灵验的通行证
屈原和老舍
自溺
给后人两河烙印
历史也就被烫伤了心灵

天下的父亲
经常刻意于
儿子的累累伤痕
一棍子接一棍子地
在皮肉上
刻下自己的尽心
从深情到绝情
指望换些名利

一旦战争爆发
角色可以相互利用
勾践卧薪还要尝胆
杨六郎斩子偏在辕门
谁能看透那几分痛里
埋着天大的隐情

直到与敌人携手
走向断头台
那曾经的骨肉
一眨眼
翻盘成砍头的炮声

为什么
周瑜打黄盖的故事
反复上演
为什么
历史总愿意
在友情中制造伤痛

黄连不苦
痛却上瘾

第三十五计 连环计

将多兵众，不可以战，使其自累，以杀其势。在师中吉，承天宠也。

【译文】

对方将多兵众，如不能敌，就想办法使其自身拖累，以消耗气势，然后再攻而取之。将帅坚守刚毅持中，能得到上天的恩宠。

【易解】

“在师中吉，承天宠也”，出自《周易·师卦》。意思是，主帅在军中指挥，吉利是因为得到了上天的宠爱。在本计中是指，统率要刚毅持中，不要相互拖累。

【自解】

“连环计”在战争中是指，一计累敌，一计攻敌。现实中寓指，一计连着一计。

【例解】

吴蜀联军与曹军决战赤壁时，周瑜先是利用蒋干盗书巧施反间计，让曹操误杀了熟悉水战的蔡瑁和张允，但曹军的威胁并没有彻底解除。于是，周瑜又和老将黄盖合计上演了一场苦肉计。黄盖先是大骂周瑜，然后说要寻机会投向曹操，结果被周瑜一顿毒打。当蒋干来打探虚实时，周瑜故意指责他盗书逃跑，坏了东吴的大事，并将其软禁在山中。恰逢庞统也在山中，蒋干与庞统交谈甚欢，更是一起逃回曹营。庞统向曹操献上了锁船之计，使得周瑜火攻之计更显神效。周瑜使用连环计，杀得曹军人马一败涂地。

【诗解】

妙计连环

看天的脸色
不如阅读老子的文字
一生二　二生三
是成功者的日志

相互拖累成镣铐
在平静的风中
你争我斗
战车上的堂吉诃德
土祠里的阿 Q
累赘到没了连累

不必多走一步
留足空间
让敌人迷路

不要多吃几口
留下饭
让敌人长肚

好心好意地
让敌人无事生非
在风平浪静中驾驭战船
一如喝了沧海的曹操
扛着战旗的苻坚
哼着长歌短曲儿
跨过淝水赤壁
人摞着人
船连着船
一块儿毁于
人家的设计

第三十六计

走为上

全师避敌。左次无咎，未失常也。

【译文】

保全军队，避开强敌。率军在左边扎营，没有危险，没有违背行军之道，不会有什么灾祸。

【易解】

“左次无咎，未失常也”，出自《周易·师卦》。意思是，率军退守，不会有什么灾祸。在本计中是指，退守没有违背用兵之道。

【自解】

“走为上”在战争中是指，打不过就撤退。现实中寓指，知难而退。

【例解】

东汉末年，董卓垄断朝政，倒行逆施，激起了老臣强烈反对。袁绍与司徒王允商议，决定除掉董卓。曹操自告奋勇愿刺杀董卓。于是，曹操佩带宝刀求见董卓，见旁无他人，觉得正是行刺的好机会，便伸手拔刀。此时，董卓正好从铜镜中观察到曹操拔刀的动作，便问他想干什么。这可吓坏了曹操，他赶紧说自己是来献刀的。当董卓意识到曹操此行是行刺而不是献刀时，曹操早已跑得无影无踪。就这样，曹操得以从京城脱身。

【诗解】

一走妙之

终于用哲学
历史和文学的套路
走完了军事家的
三十六步
编剧　图谋和设计
被磨砺得刀枪不入

面对一系列的阳刚阴柔
换算无数的六六三十六
数中有术
还是术中有数
是心计　设计　诡计　奸计
可以分析
不可妄语

一个个无声的人物
一把把带泪的剑戟
刻在刀背上的墓志铭
压在铠甲里的《世说新语》
都已在有声的无声中休整
或在无声的有声中安息

无论眼前身后
现在将来
乱石一样的敌人
每时每刻都会
围追堵截我们
声音不及《长门赋》动听
曲调没有《乐府诗》抒情

必须争分夺秒
卸下浮云
洁净全身
辨清太阳太阴少阳少阴
分准两翼和四极
眼观六路
耳听千里
一言九鼎
一招制敌

面对艰难
面对责任
面对宽容
走为下策

面对诱惑
面对私心
面对利欲
走为上计

关键要
走得急又不急
重点是
用人生的六十四种状态
驾驭行走的三十六计
走不同的路
拐不同的弯
做始终无终的自己

后记

一

或许，每个人心中都存着一套『三十六计』；揣着一首或几首好诗。但很难把『三十六计』和诗，尤其是现代诗联系在一起。前者用来指导战争，是冰冷的；后者能够言志抒情，是温情的。

冰冷的温情也许别有一番风情！

我愿意尝试。

二

写《诗谋》的初衷，是读懂、读透『三十六计』。开读于二〇〇六年，动笔写作于二〇〇八年，初步形成于二〇〇九年，基本成形于二〇一九年，正式定稿于二〇二一年。眨眼就是十五年。之间读了多少遍，写了多少遍，改了多少遍，又抄了多少遍，真数不清了。

十五年，应该能干成一件事儿。因此，对于十五年修成的《诗谋》，我已无力或不敢，也不能再改了！因为确实有点儿冰冷的温情了。

三

《三十六计》在我眼里，就是一部古体的现代诗集。在诗里可以看到疆场和职场之联；听到剑戟声和论战声之变；想到谋略和谋图之别；悟到军事学和哲学之通。

人生多疑虑、多困难、多曲折。但没有『三十六计』解决不了的，它可以挑通疑虑、解决困难、顺畅曲折。『三十六计』是一部指点人生迷津、解决困难和一切问题的百科全书（内容上）、千古绝唱（形式上）。

『三十六计』强调的是：最大的战役是休战、最强的计谋是无谋。『三十六计』是为人民服务的。

但愿能在《诗谋》中有所流露和表达，哪怕只几篇甚至几句有用或刻骨。

四

所谓『后记』，无外乎最后再说几句。而我的两个老师加老兄几乎说透了！

——谈歌主席说的，透彻了骨髓。

——高天民市长说的，透晰了肌理。

——关仁山主席，大笔一挥题写的书名，透亮了眼睛。

面对他仨，陈默和《诗谋》应该沉默。

感谢振川兄弟带劲儿的插图。

感谢河北教育出版社领导的认可和支持。

感谢默默帮助、支持我的亲人朋友。

二〇二三年四月八日